# 见面就

## 室内设计师营销 28 堂课

筑美设计　编著

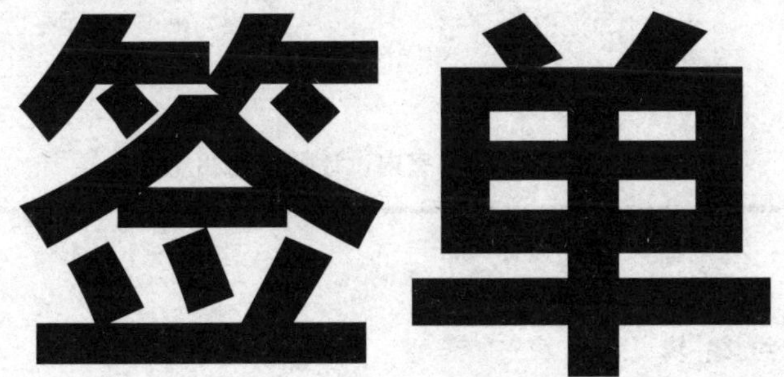


江苏凤凰文艺出版社
JIANGSU PHOENIX LITERATURE AND ART PUBLISHING, LTD

**图书在版编目（CIP）数据**

见面就签单 ：室内设计师营销 28 堂课 / 筑美设计编著 . -- 南京 ：江苏凤凰文艺出版社，2020.5
ISBN 978-7-5594-4704-3

Ⅰ . ①见… Ⅱ . ①筑… Ⅲ . ①室内装饰设计 - 市场营销学 Ⅳ . ① F407.915

中国版本图书馆 CIP 数据核字 (2020) 第 049629 号

| 书　　名 | 见面就签单　室内设计师营销28堂课 |
|---|---|
| 编　　著 | 筑美设计 |
| 责任编辑 | 孙金荣 |
| 特约编辑 | 单　爽 |
| 项目策划 | 杜玉华　单　爽 |
| 封面设计 | 张僮宜 |
| 内文设计 | 张僮宜 |
| 出版发行 | 江苏凤凰文艺出版社 |
| 出版社地址 | 南京市中央路165号，邮编：210009 |
| 出版社网址 | http://www.jswenyi.com |
| 印　　刷 | 固安县京平诚乾印刷有限公司 |
| 开　　本 | 710毫米×1000毫米　1/16 |
| 印　　张 | 10 |
| 字　　数 | 128千字 |
| 版　　次 | 2020年5月第1版　2024年1月第2次印刷 |
| 标准书号 | ISBN 978-7-5594-4704-3 |
| 定　　价 | 39.80元 |

# 前言

室内设计是中国蓬勃发展的朝阳行业，每年从事室内设计行业的人员高达数十万人，每年都有大量的新人涌入设计市场。随着近几年房产行业的宏观调控，“限购”等政策的颁布与实施，很多业内人士感叹市场难做，倒闭的小公司十分常见。精装修的房子也越来越多，实际上由装修公司全权设计的项目却越来越少，利润低是十分严峻的问题。然而，纵观中国的整体装修行业，前景依然令人看好。因为装修市场被划分得越细致，对设计师的职能区分越明显，设计师的专业技能越能被更好地运用到实际操作中。

随着商品经济的快速发展，人们对装饰装修的要求也越来越严格。反观十年前的设计，装修风格千篇一律，毫无设计感可言。在今天经济高速发展的大背景下，人们的审美水平与装修水平都得到了进一步的提升，“个性”“环保”“可持续发展”等词汇频繁地出现在设计中，设计不再是只为了好看耐用，更多地是房屋主人社会地位、个人品位的一种象征。

成为设计行业的佼佼者是每个设计者的初衷，然而现实却是十分残酷的，每年转行的设计师比比皆是，究其原因，大多是因为 “签单率” 。对于刚入行的新手设计师来说，谈单签单是一件十分头疼的事情，有时候一个月不开张，每月的基本工资难以维持生计，这也是很多设计师转投他行的原因之一。作为一名合格的设计师，只会画图是不够的，现在电脑软件的普及，画图不再是设计师的秘密武器。对设计师谈单签单能力的考验日益严峻，签单率成为衡量一个优秀设计师的标准之一。作为一名设计师，会谈会签已经是时代赋予设计师的新使命，而如何去谈并最终顺利签单，是众多设计师所面临的巨大难题。

本书从设计师谈单的准备工作、谈单中会出现的问题，以及签单后如何维护客户等方面做了十分细致的讲解，帮助设计师实现从小白到签单大神的过渡。

本书在编写时得到了以下同事的帮助，在此表示感谢。金露、董豪鹏、向江伟、孙春艳、陈全、黄登峰、肖亚丽、仇梦蝶、张刚、张泽安、彭尚刚、刘惠芳、刘星、刘涛、张慧娟、苏天笑、万阳、曾令杰、李钦、姚丹丽、汤留泉、万丹、陈庆伟、陈伟冬、李建华、霍佳惠、胡爱萍、蒋林、杨梅、卢丹、马一峰、吴方胜。

编者

# 目 录

# 第1课
# 无准备不谈单

**核心概念：妆容、工具、热情**

## 1.1 这是个看脸的世界

我国房地产业的快速发展，带来了建筑装饰行业，特别是装修行业的繁荣。

“看脸”已经是各个行业里“看人”的关键所在，对于设计师来说，谈单的首要问题是推销自己，只有别人对你产生信任，才会放心地买你的设计。而一个好的形象，会让人觉得你是热爱生活的、积极向上的，一个人积极的一面，会影响其他人的心态，也比较容易得到他人的认可。我们无法想象一个邋遢的人去推销自己的设计是怎样的一种情形。

设计师给客户第一印象中着装是很重要的一项，你不需要穿着高档，但你的服装应该给对方一种信任感，而不是让客户看到你后感到不放心，觉得你无法胜任这份工作。

一个成功的设计师要有独特的人格魅力，合适的穿着也许不能为自己带来什么，但不合适的穿着却很可能会影响你能否顺利签单。如果你想成为装修设计接单高手，那么，在外表上必须注意以下几个方面的问题。

### （1）职业装

接待客户时，设计师必须保证自己的职业装整洁合体。不论休闲服有多漂亮，作为设计师，你都不宜穿去接待客户。

职业装又称工作服，是为工作需要而特制的服装。职业装设计时需考虑行

外表是你给人的第一直观感受。好的皮囊千篇一律，但适当的修饰能让你万里挑一。

业的要求，结合职业特征、团队文化、年龄结构、体型特征、穿着习惯等元素，每个设计师至少应该准备两套职业装。同时不要在熨烫衣服上节省力气，皱巴巴的服装直接展现了你皱巴巴的工作精神。穿着职业服装不仅是对服务对象的尊重，同时也使着装者有一种职业的自豪感、责任感，是敬业、乐业的具体表现。

皮鞋是职业装必不可少的一个环节，如何在众多的款式中选择一款适合自己的鞋子，这点很重要。首先，抛弃那些过于花哨的款式与颜色，要时刻记住接待客户不是去参加社交舞会。可以在自己的办公室里准备一块擦鞋布，接待客户之前将鞋子擦一擦。

女性设计师在搭配鞋子的时候，千万不能选择拖鞋，或者是运动鞋，这些鞋子的搭配，会显得非常另类，最好选择高跟鞋或者是平底的皮鞋。当然了，高跟鞋也不要太高，例如在给客户家量房时，太高的鞋跟不方便走路，也不方便下蹲等动作。

左：女性设计师可以选择裙装或裤装职业装，裙装能够很好地拉长腿形，展现出女性的柔美，裤装则更着重修饰腿形。
右：男性设计师的职业装以裤装为主，有时候会搭配西装马甲，勾勒出硬朗的线条，增添男性的成熟魅力。

男性设计师在进行着装搭配时，通常锥形西裤应与椭圆形尖头皮鞋相配；直筒裤要与鞋面有“W”形接缝的皮鞋相配；猎装裤应配高帮翻毛皮鞋才显得帅气、粗犷。鞋与裤子搭配完美的关键是鞋形、鞋夹，与裤形、裤口的几何造型相近。客户也能从穿着细节中感受到你对生活的热爱。

**签单小贴士**

**如何正确穿戴职业装**

职业装必须合身，袖长至手腕，裤长至脚面，裙长过膝盖，尤其是内衣不能外露；衬衫的领围以插入一指大小为宜，裤裙的腰围以插入五指为宜。职业装穿戴要做到不挽袖、不卷裤、不漏扣、不掉扣等细节；领带、领结、飘带与衬衫领口的吻合要紧凑且不系歪，给人正直的视觉感受；如有工号牌或标志牌，要佩戴在左胸正上方；衣物要保持整洁，衣裤无污垢、无油渍、无异味，领口与袖口处尤其要保持干净。衣裤不起皱，穿前要烫平，穿后要挂好，做到上衣平整、裤线笔挺。

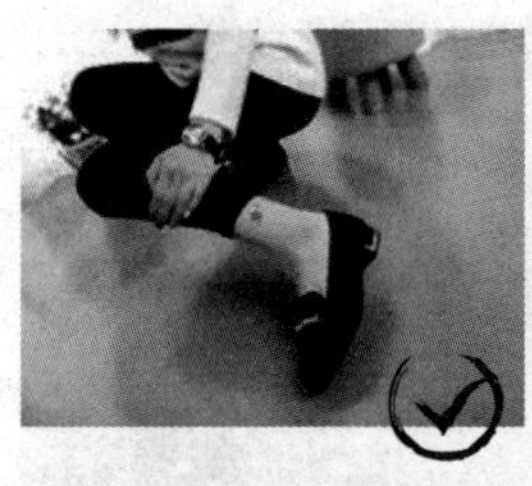

左：需要长时间站立时女性设计师可以选择低跟鞋子，减少疲劳感。
右：高跟鞋是女性自信、成熟的表现。

左：拖鞋只适合居家，在工作场合穿着非常不礼貌，强烈建议不出现在工作环境中。
右：运动鞋虽然穿着舒适，但与职业装搭配显得格格不入，风格差异大。

### （2）妆容

化妆是对别人的尊重，无论男女，都应该注意化妆问题。女性在工作场合化淡妆是对同事、上司、客户最起码的尊重，可以表现出你对这份工作的重视，但切忌不可浓妆艳抹。男性应该注意面部整洁干净，不能让你的客户与准客户看见你的形象有任何不舒服的地方。化妆可以增强女性的自信，所有的女士在心理上应先确立观念，即化妆并不是为了掩饰自己，而是为了推销自己。

### （3）站姿与坐姿

职场上每天面对形形色色的人，有一个好的形象是给自己加分的一点，也是别人对你的印象最直观的一点。坐姿是待人处事方面表现出良好职场礼仪不容忽视的重要细节。

“坐如钟”，并不是要求谈单人员坐下后就如钟一样纹丝不动，而是要“坐有坐相”。谈单人员到客户家拜访时，也不要太随便地坐下，因为这样客户会觉得你不够礼貌。坐下后，不要频繁转换姿势，也不要东张西望；上身要自然挺立，不东倒西歪，如果你一坐下来就像一摊泥一样靠在椅背上或扭捏作态，只会令人反感；两腿不要分得过开，两脚应平落在地上，不应高高地跷起来摇晃或抖动。与客户交谈时勿以双臂交叉放于胸前且身体后仰，因为这样可能会给人一种漫不经心的感觉。在人际交往中，肢体动作会不经意间传递出你的内心想法，假如你的肢体语言传递出不想被打扰的信号，人们自然会对你望而却步。

“站如松”不是要站得像青松一样笔直挺拔，因为那样的你看起来让人觉得很拘谨。这里要求的是站立的时候要有青松的气宇，而不要东倒西歪。良好的站姿要领是挺胸、收腹，身体保持平衡，双臂自然下垂。忌歪脖、斜腰、挺腹、含胸、抖脚、重心不稳、两手插兜。优美的站姿男女有别，女子站立时，两脚张开呈小“外八字形”或“V 字形”；男子站立时双脚与肩同宽，身体平稳，双肩展开，下颌微抬。简言之，站立时应舒适自然，有美感而不做作。

人们常说“行如风”，这里并不是指走路飞快，如一阵风刮过，而是指走路时要犹如风行水面，轻快而飘逸。良好的走姿能让你显得体态轻盈、朝气蓬勃。走路时要抬头挺胸，步履轻盈，目光前视，步幅适中。双手和身体随节律自然摆动，切忌驼背、低头、扭腰、扭肩。多人一起行走时，应避免排成横队、勾肩搭背、边走边大声说笑。男性不应在行走时抽烟，女性不应在行走时吃零食，养成走路时注意自己风度、形象的习惯。

心理学家指出：“我们在别人心目中的印象，一般在 15 秒内形成。”一个人外在形象的好坏，直接关系到社交活动的成功与失败。

## 1.2 交流工具不能少

作为一名接单高手，你必须保证你能够随时把信息与资料准确地传递给你的客户与准客户。因此，在与客户进行交流之前，你需要准备好交流和沟通的工具，确保将客户的诉求完整地记录下来。同时，让客户观看老用户的评价及竣工的照片，也是谈单中常涉及的营销手段。

**（1）电脑**

每个装修设计师都应该有一台自己使用的电脑，最好有一台笔记本电脑，当客户提出需要看到你之前做的设计时，可将整理好的图片或 PPT 给客户浏览。同时，使用自己的电脑能清楚地记得自己的文件都放在哪里，避免出现找不到文件让客户见笑的尴尬场面。还有就是“防人之心不可无”，为保险起见，用自己的私人电脑为好。

**（2）通信设备**

手机配置及品牌不能过于低档，否则可能会影响某些功能的使用，也可能会被某些客户看不起或质疑设计师品位，导致客户怀疑设计师的能力；过于高档也不妥，容易被认为有炫耀嫌疑；中档品牌的最好。

**（3）名片**

你并没有意识到，一张小小的名片是“人脉存折”，它帮助我们结交朋友，维持联系，也是自我增值和提升形象的重要工具，更是冷场或僵局的破冰点。交换名片是商业交往的第一个标准官式动作，也是向对方推销介绍自己的一种方式。名片的印刷与设计一定要与众不同，便于加深潜在客户对你的印象，同时记住你的名字。

**（4）书写用具**

装修设计师一般使用绘图笔、签字笔、彩色铅笔或马克笔。不需要什么名

**签单小贴士**

**名片的收与发**

递名片时名字向外，面带微笑双手递出。通常我们以为把名片递给对方，对方就知道我们的名字，其实不尽如此，再做些自我介绍还是很重要的，幽默风趣的自我介绍能让客户记忆深刻。一般身份或辈分较低者可主动递交名片给长辈或地位高的人。

携带足够的名片，或许你的下一个客户就是拿着这张名片来找你的。收名片时如果双方同时掏名片，其中一方可先暂缓掏名片的动作，接过对方名片后再递出自己的名片。收下名片后花几秒钟阅读，切忌急忙把名片收起来，一般的做法是暂时放在桌上。若在公开场所，可以放在名片盒、手提袋或西装外套的内袋，不宜乱塞或把名片塞进裤袋，此举显得太过随意，有欠尊重。

名片就代表着对方，你怎么对待那张名片就等同于你怎么对待甲方客户。要让他觉得你是很尊重他的。收下名片之后，不妨附上简短问候与赞美，这会让对方的感觉全然不同。

牌，但一定要书写流利，每天接待客户前你都要保证书写工具有足够的墨水，功能到位，如果出现没墨水的情况就很尴尬了，试想一个连自己的工作用具都不能管理好的人，客户怎么放心将重要的装修业务交给这个设计师呢？

### （5）经典案例图册

图册可以用来收集和记录成功的设计案例和装修客户的赞誉之词，如装修样板房照片和最新流行的材料、设备照片，以及客户签名的合影照片等，内容应尽量允实、详尽并实用。这些作为签单的辅助条件，有助于让客户认知你的设计能力。

## 1.3 不可抗拒的热情

设计谈单是一项情绪化的工作。一旦情绪不振，再怎么优秀的设计师也无法精神饱满地投入到工作当中。谈单就是上战场，作为谈单战士，你不能在声音、魄力、气势上都败给客户。你觉得让客户占据主导地位后，你的设计建议还能被客户采纳吗？

热情的重要性可以在一个没有多少销售经验的设计师身上体现出来。有些设计师刚刚接受完销售培训，根本没有实战经验，但他们创造的业绩有时比那些老牌设计销售人员还要好。究其原因，是销售热情在起作用。由此看来，签单关键是你要拿出你的热情去跟客户进行沟通。

可能有人会误解，觉得设计师的精神都是与生俱来的。但事实并非如此，不管设计师平日的性格如何，一旦开始工作，就必须做到“朝气蓬勃、精神焕发”，以最饱满的热情去接待客户或准客户。对于设计师来说，最最重要的莫过于控制好自己的情绪，就像在体育运动中必须做好事前准备才能胜利一样，没有做好准备的设计师，打不了胜仗。一次成功的洽谈，需要一个好心情和饱满的情绪。很多金牌签单员在辉煌过后，逐步走向了衰落，很可能原因在于创造了突出的业绩了，挑战的欲望开始减退，安于现状，最终业绩一落千丈，连新来的销售员都比他强。可见热情对于销售人员来说是何等的重要。据调查，热情在销售中所占的比重为95%，而产品知识只占5%。当你看到一名销售人员毫无产品知识和经验，却能不断将产品销售出去时，你就会看到热情有多么重要。

美国著名作家爱默生曾经说过：“没有热情，任何伟大的事业都不可能成功。”热情就是销售成功的首要条件，只有诚挚的热情才能融化客户的冷漠拒绝，使销售人员攻无不克。当你拥有一种发自内心的热情时，你的热情就会感染你的客户，使他也怀有同样的热情，从而接受你所销售的产品。假如你能为客户的切身利益着想，充分发挥你的热情，让客户感到你确实在为他着想，他就会信任你，与你签约。俗话说“伸手不打笑脸人”，你以足够的热情去对待客户，相信客户也能感受到你的一片真心。

# 第2课
# 如何成为合格的设计师

**核心概念：专业技能、优势、服务**

## 2.1 给自己一个定位

设计师人群如此庞大，客户为什么必须选择你呢？良好的定位能让你在众多的设计者中脱颖而出。一名成熟的设计师必须要有艺术家的素养、工程师的严谨思想、旅行家的丰富阅历和人生经验、经营者的经营理念，以及财务专家的成本意识。有一位设计界的前辈说“设计即思想”，设计是设计师专业知识、人生阅历、文化艺术涵养、道德品质等诸方面的综合体现。只有内在的修炼提高了，才能做出作品、精品、上品和神品，否则就只是处于初级的模仿阶段，流于平凡。

首先，设计师是绘画家，能将客户想要的设计，经过语言表达后以图纸、图片、模型等方式展示出来，经过不断的修改、定义，对整体的空间布局、色彩搭配以及空间的形态特征都有着自己独特的见解，最终以最符合客户要求的设计完成这一次的画作。

左：空间手绘效果图是设计师必备的专业技能，要求能在最短时间内给客户直观的空间表现方案。

右：常规住宅设计方案电脑效果图，可选用酷家乐等快捷软件在谈单时现场制作，大型公共空间还是选用 3ds max 等软件来制作。

其次，设计师是一名建筑师，比如房屋的整体结构有承重墙与非承重墙的区分，有时候遇到客户坚决要进行承重墙的墙体拆除工作，设计师要与客户详细、耐心地沟通，讲清楚其中的利害关系，因为客户不是专业人员，有不懂的地方实属正常。

同时，设计师还是装修顾问。一个会谈单签单的设计师一定是一个全方面的人才，而不是一无是处的小白，客户问你材料你不懂，问你报价你也不知道，你觉得客户最终会选择你吗？优秀设计师是精通装饰业务，具备营销能力，能对装修提供指导、咨询的装修营销专业人才；不仅具有良好的心理素质，超强的自信心，还掌握了多学科的专业知识，以及经济、法律和管理方面的知识，还有丰富的装修实践经验；客户不管提出哪方面的问题都能从容自如地回答，只有客户满意了你才有机会与客户进行更深层次的交流。

最后，当客户提出能否为他介绍装修的材料、尺寸，以及近几年的装修趋势时，设计师要在第一时间指导客户，选择适合客户消费水平、品位的装修材料，即使出问题了，也能在第一时间拿出解决问题的能力与气魄，这样才让客户感到放心、安心。

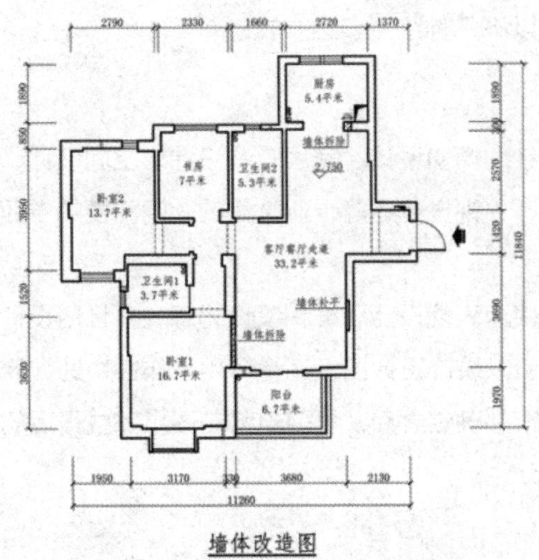

墙体改造图

需要进行墙体拆除、补平的地方要在图纸上明确地标识出来，因为拆除的费用是按照面积来计算的。

## 2.2 专业与不专业

装修设计图纸是设计师对于某个家庭装修设计的一切构想、创意的具体表现，也是业主、设计师、施工者三者之间沟通的有效工具，因此，在装饰设计中，设计师应尽可能地用图式语言表达自己的意图。

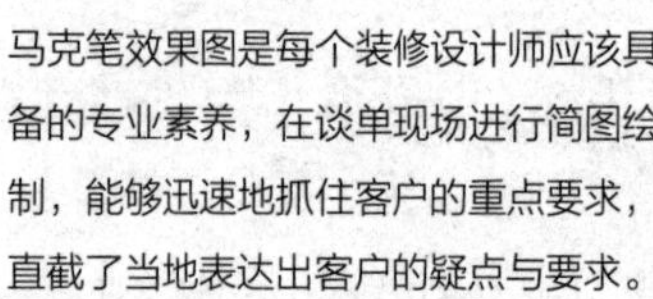

马克笔效果图是每个装修设计师应该具备的专业素养，在谈单现场进行简图绘制，能够迅速地抓住客户的重点要求，直截了当地表达出客户的疑点与要求。

在装修设计中，设计师通常有以下几种绘图表达方式：

### （1）徒手绘制草图

手绘是从事建筑、服饰陈列设计、橱窗设计、家居软装设计、空间设计、美术、园林、环艺、摄影、工业设计、视觉传达等专业学生的一门重要的专业必修课程。

在装修设计师接单时，因为要快速表现设计思维和设计构想，并且用设计语言当场跟装修客户沟通和交流，所以装修设计图纸还是多用工作性快速徒手绘制草图表现。等到所有的设计方案都确定之后，再用电脑制图来完成最后的绘图工作。

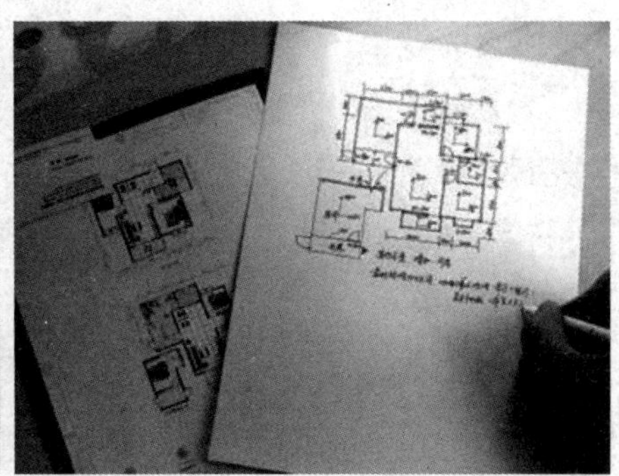

将测量得到的数据简单核对一遍后就可以绘制草图了，绘制草图的目的在于提供一份完整的制图依据。手绘草图在测量完毕后就可以在装修现场绘制，使用铅笔画在白纸上即可，线条不必挺直，但是房间的位置关系要准确，各个区域的空间动态要明朗。边绘草图边标注刚才测量得到的数据，并增加一些遗漏的部位，做到万无一失。很多设计师对这个步骤不重视，直接拿着测量数据就离开了，再次绘制图纸时就糊涂了，其实现场绘制草图是检查、核对数据的重要步骤，一些小细节都是测量的关键，个人的记忆力再好也比不上实实在在的笔录。

### 签单小贴士

**绘图板**

绘图板是设计制图中最基本的工具之一，一般由硬度适中、干燥平坦的矩形木板制成。图板的两端为直硬木，以防图板弯曲和利于导边。图板的短边称为工作边，而面板称为工作面。绘图板通常尺寸以 600 毫米 ×900 毫米和 750 毫米 ×1050 毫米两种较为实用。制图时，根据所绘图纸的尺寸大小来选择相应尺寸的图板。平时应保持图板的整洁和图板边缘的挺直，同时，应避免在图板的工作面上刻画或加压重物等。

### （2）效果图

设计效果图，尤其是手绘效果图，是设计师与装修客户之间的一座桥梁，它是设计师用来表达设计意图的手段之一，它既是一种语言，又是设计的组成部分。手绘效果图能够更直接的让设计师与客户沟通，它是衡量设计师综合素质的重要指标。

装修设计的效果图直观和准确地表现室内空间环境，为装修客户提供一个具体的环境形象，它的绘图质量会影响装修客户对设计方案的决策。在装修设计的接单过程中，装修设计效果图往往是启动装修客户签单的热钮，效果图是设计师与非专业人员沟通最好的媒介，对决策起到一定的作用。随着现代科技的发展，手绘效果图受时间及专业性的制约，电脑软件效果图制作运用较多。

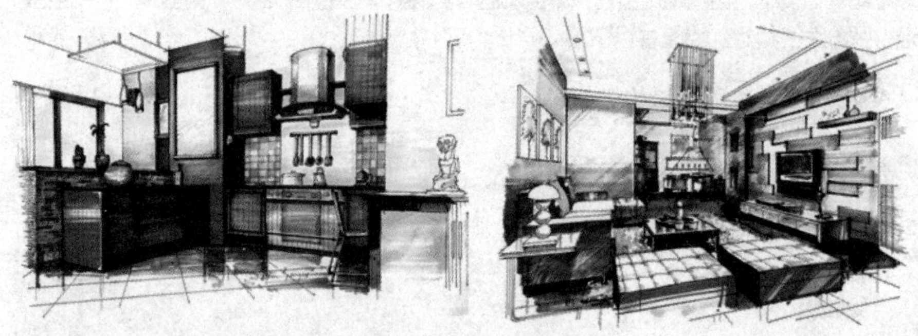

左：手绘效果图效果逼真，在造型、色彩、质感上效果较为突出。
右：手绘图的趣味性与绘画性更强，对设计师的专业性考验更大。

相对于手绘效果图，电脑软件制图更加方便快捷，制作简单、出图快等特点成为其优势，电脑设计效果图能准确、具体、真实地展示室内外各个空间部位的设计效果，可以全方位多角度地展现设计构思，后期存储、网络传输、打印出图也非常方便，具备强大的模拟现实的能力。

效果图已经成为中国设计行业中的“通行证”，或者说是行业内的“货币”，可以很方便地进行各种各样的流通，从而形成了一种观念：“要让我看你的设计，那就等于是看效果图，没有效果图，就说明没有设计”。

**签单小贴士**

与手绘效果图相比,电脑设计效果图大都在同一个软件平台上通过程序完成设计，风格表现上显得单一、乏味。手绘表现效果图因为直接由作者手绘操作，在表现形式、色彩运用、技法选择等方面与电脑软件相比更具有灵活性，能更好地体现出作者不同的审美风格。

### （3）装修设计图

装修设计图是设计师将设计理念以图纸的形式展现出来，也是成功签单必备条件之一以及后期施工、物业备案的依据所在。

① 原始平面图。是量房后画的第一张图纸，是画设计图纸的基础。主要标注出房型的尺寸、层高、原始管路及门洞等。而最先出猫腻的地方一般也是原始图，如果尺寸量得不准确，人工费、材料费、管理费、设计费都会从这上面加出来。如果担心有猫腻，拿到图纸时可以自己用卷尺大概地量一下，看看尺寸有没有相差很多。

② 平面布置图。合理的规划平面布置图在很多人看来，是最考验设计师的设计水平的。的确平面布置图的家具布置是从俯视角度去看的，各个区域的功能合理划分和人性化的考虑是平面布置图的精髓所在。当然，图纸中家具的尺寸是否准确，影不影响走动都是要考虑的。而有些经验不足的设计师往往就不会考虑到这些。

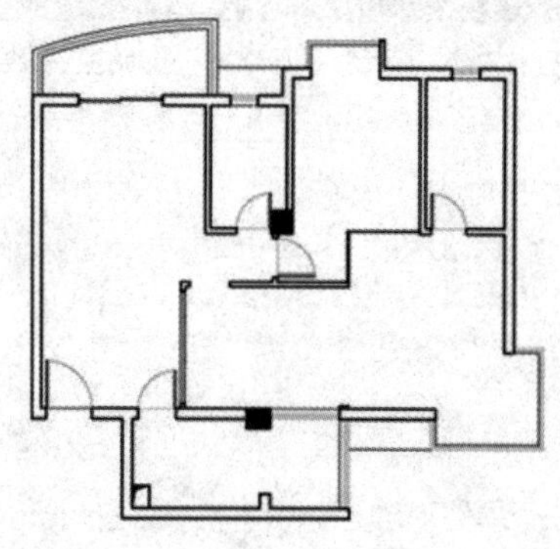

绘制房型框架是设计师最基本的功底，但一定要数据准确 。

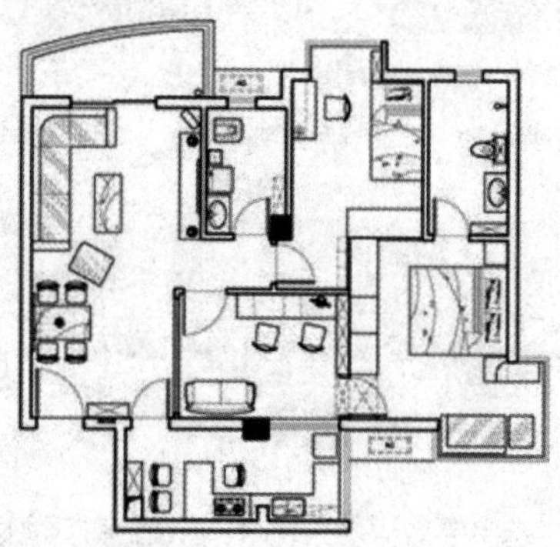

进行空间布局是设计师的设计素养的体现，能看出设计师的情商。

**签单小贴士**

**图纸与交流**

原始平面图与平面布置图是考验装修设计师诚信与设计能力的环节，一份优秀的平面布局图肯定是合理且具有创意的。一定要站在客户的角度上做设计，也许你不是最让他满意的设计师，但你的设计方案完全是站在客户的角度做的功课，客户一样会与你签单合作，因为用心、诚信、能力这三者是客户最在意的。

③ 地面铺装图。一般需要标注地面所用的材质种类，是瓷砖还是地板，拼铺走向、图案及不同材料的分界说明。好的设计师绘制的地面材质图一般都能数出所用地砖的数量，这样就让预算做不了手脚，地板的需要量也可以在图上计算出来。当然，这些都是预估的，实际的用量还是要把损耗考虑进去的，不过可以作为一个参照物看设计师计算的是否正确。

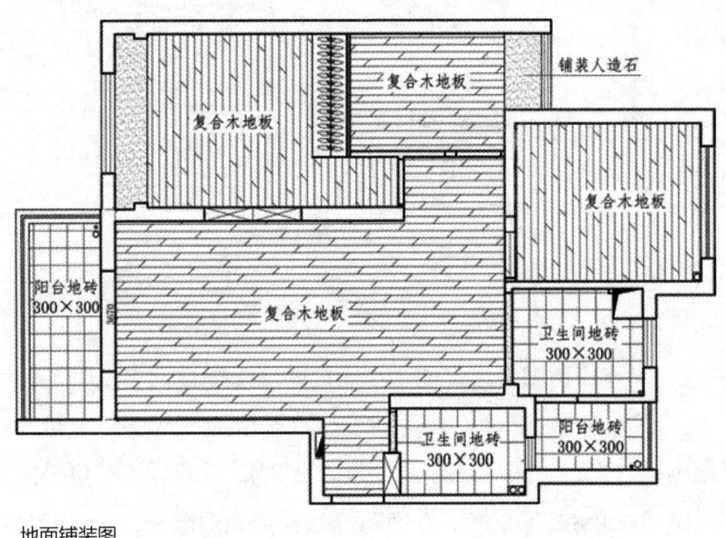


地面铺装图

④ 顶面布置图。将绘制完成的平面布置图复制一份，删除中间的家具、构造和地面铺装图形，保留墙体、门窗，在上面即可绘制顶面布置图，从这张图能看出天花吊顶的走向和顶部灯具的位置，图中应该详细标出吊顶的平面造型、尺寸以及距离地面的高度。

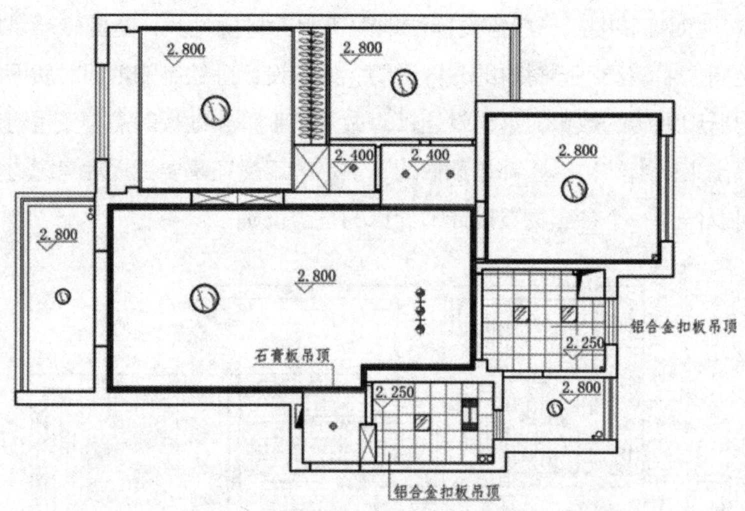


顶面布置图

⑤ 开关、插座布置图。很多业主在后期的使用中会埋怨家里的插座数量太少了，这就是因为当初没有考虑清楚插座分布。插座的位置、数量都会在这张图中绘制出来，当然，插座的安排还要避开门窗、家具，不然也是白装。一般来说，插座的安装是在保证够用的前提下，再适当留出一些备用的即可。

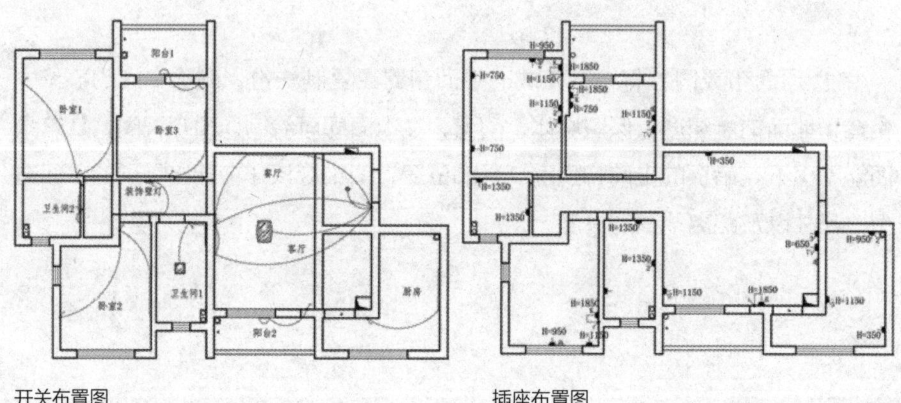


开关布置图　　插座布置图

⑥ 给水布置图。给水图上要标明卫生间、厨房等处的给排水线路的平面布置图，还应该标注出冷热水的具体分布。如果有可能，尽量为业主提供光盘影像记录，标注准确的施工位置，日后维修也方便。

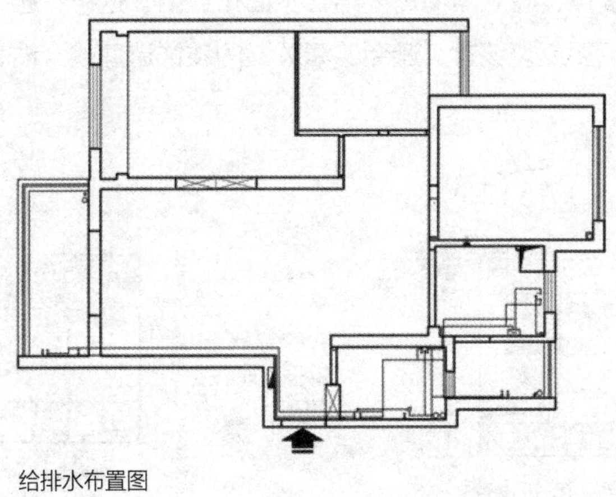

给排水布置图

⑦ 节点详图。施工中有一些关键部分的施工是具有难度的，设计到某些具体施工工艺的就需要绘制这些图纸，在图中标明造型尺寸、材料等。一般这种图纸给施工人员的比较多，设计师会为施工人员进行讲解。

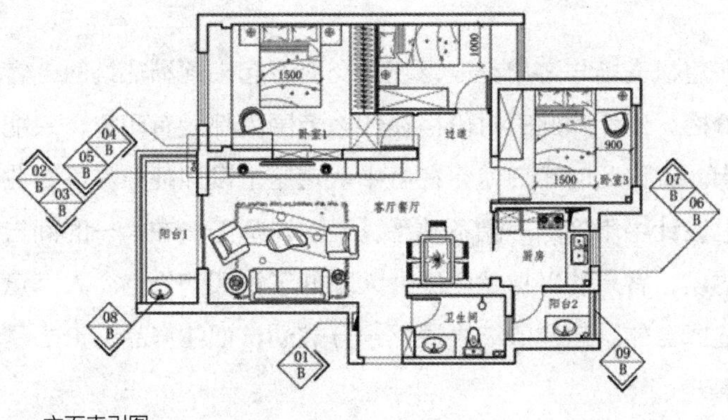


立面索引图

⑧ 立面图。是指装修中主要制作的立面构件图，一般是指装饰背景墙、瓷砖铺贴墙、摆放家具的立面墙等部位。立面图展示的是从水平的角度看到房间局部的剖面，设计师一般都是画出主要墙面的立面图，业主也可要求设计师提供其他墙面的立面图，看立面图需要结合平面布置图，这样看起来才能更清楚。主立面图画好后要反复核对，避免遗漏关键的装饰造型或含糊表达了重点部位。

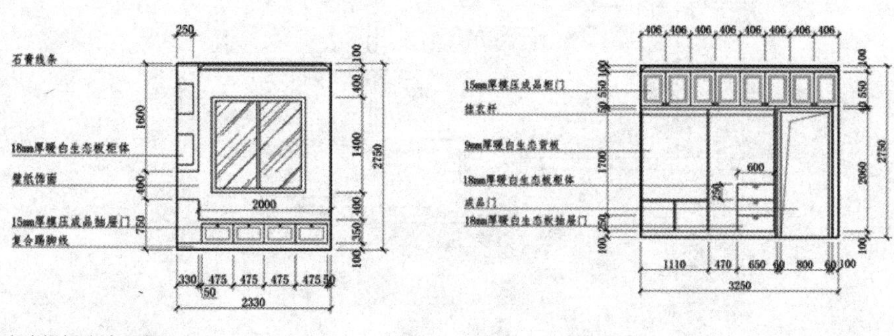


书房榻榻米立面图　　卧室 1 衣柜立面图

## 2.3　报价是关键

设计师在建材卖场与客户交谈，正当交谈看起来逐渐热络时，客户问展台上材料的价格。设计师此时对价格在什么范围内都没有印象，只能去最近的柜台上查询。或许此时客户就会在心中认定这个设计师非常不专业，因为设计师对自己设计中用到的产品不熟悉。当设计师无法在第一时间告诉客户产品的价格时候，客户的兴趣就已经大大降低了，即使价格令人满意，客户也可能不会选择合作。这样的结果显然十分被动，记住产品的价格是作为设计师的基本素养。

## 某装饰设计工程公司报价表

| 基础工程 | | | | | |
|---|---|---|---|---|---|
| 序号 | 项 目 名 称 | 单位 | 数量 | 单价（元） | 合计（元） |
| 1 | 墙体拆除 | 平方米 | 10.90 | 60 | 654.00 |
| 2 | 强弱电箱迁移 | 项 | 2.00 | 150 | 300.00 |
| 3 | 门框、窗框找平修补 | 项 | 1.00 | 600 | 600.00 |
| 4 | 卫生间回填 | 平方米 | 3.80 | 70 | 266.00 |
| 5 | 窗台阳台护栏拆除 | 米 | 4.40 | 35 | 154.00 |
| 6 | 落水管包管套 | 根 | 4.00 | 160 | 640.00 |
| 7 | 施工耗材 | 项 | 1.00 | 1000 | 1000.00 |
| | 小计 | | | | 3614.00 |
| 水电隐蔽工程 | | | | | |
| 序号 | 项 目 名 称 | 单位 | 数量 | 单价（元） | 合计（元） |
| 1 | 给水管铺设 | 米 | 39.00 | 52 | 2028.00 |
| 2 | 排水管铺设 | 米 | 6.00 | 76 | 456.00 |
| 3 | 强电铺设 | 米 | 265.00 | 30 | 7950.00 |
| 4 | 弱电铺设 | 米 | 22.00 | 45 | 990.00 |
| 5 | 灯具安装 | 项 | 1.00 | 600 | 600.00 |
| 6 | 洁具安装 | 项 | 1.00 | 600 | 600.00 |
| 7 | 设备安装 | 项 | 1.00 | 600 | 600.00 |
| 8 | 全房开关插座面板与空调开关 | 项 | 1.00 | 2000 | 2000.00 |
| | 小计 | | | | 15 224.00 |

**续表**

| 厨房工程 | | | | | |
|---|---|---|---|---|---|
| 序号 | 项 目 名 称 | 单位 | 数量 | 单价(元) | 合计(元) |
| 1 | 铝合金扣板吊顶 | 平方米 | 4.60 | 135 | 621.00 |
| 2 | 地面局部防水处理 | 平方米 | 3.00 | 80 | 240.00 |
| 3 | 墙面铺贴瓷砖 300 毫米×600 毫米 | 平方米 | 18.10 | 160 | 2896.00 |
| 4 | 地面铺贴瓷砖 300 毫米×300 毫米 | 平方米 | 4.60 | 160 | 736.00 |
| 5 | 厨房上部开门橱柜(深 300 毫米) | 平方米 | 1.30 | 560 | 728.00 |
| 6 | 厨房下部开门橱柜(深 550 毫米) | 平方米 | 2.00 | 660 | 1320.00 |
| 7 | 推拉门单面包门套 | 米 | 5.80 | 135 | 783.00 |
| 8 | 厨房推拉门 | 平方米 | 3.20 | 320 | 1024.00 |
| 9 | 橱柜台面铺装人造石 | 米 | 2.50 | 280 | 700.00 |
| | 小计 | | | | 9048.00 |
| 卫生间工程 | | | | | |
| 序号 | 项 目 名 称 | 单位 | 数量 | 单价(元) | 合计(元) |
| 1 | 铝合金扣板吊顶 | 平方米 | 3.80 | 135 | 513.00 |
| 2 | 墙地面防水处理 | 平方米 | 13.60 | 80 | 1088.00 |
| 3 | 墙面铺贴瓷砖 300 毫米×600 毫米 | 平方米 | 18.90 | 160 | 3024.00 |
| 4 | 卫生间铝合金门 | 套 | 1.00 | 450 | 450.00 |
| | 小计 | | | | 5075.00 |

**续表**

| 主卧室工程 | | | | | |
|---|---|---|---|---|---|
| 序号 | 项 目 名 称 | 单位 | 数量 | 单价(元) | 合计(元) |
| 1 | 石膏板吊顶 | 平方米 | 1.00 | 130 | 130.00 |
| 2 | 顶面基层处理 | 平方米 | 14.20 | 22 | 312.40 |
| 3 | 顶面乳胶漆(白色) | 平方米 | 14.20 | 10 | 142.00 |
| 4 | 墙面基层处理 | 平方米 | 35.50 | 22 | 781.00 |
| 5 | 墙面乳胶漆(白色) | 平方米 | 35.50 | 10 | 355.00 |
| 6 | 上部开门衣柜(深 600 毫米) | 平方米 | 2.20 | 660 | 1452.00 |
| 7 | 下部无门衣柜(深 600 毫米) | 平方米 | 4.60 | 580 | 2668.00 |
| 8 | 下部衣柜推拉门 | 平方米 | 4.60 | 320 | 1472.00 |
| 9 | 柜后封板隔音墙 | 平方米 | 6.80 | 65 | 442.00 |
| 10 | 入墙储藏柜(深 240 毫米) | 平方米 | 4.10 | 500 | 2050.00 |
| 11 | 外挑窗台铺装人造石 | 米 | 3.10 | 280 | 868.00 |
| 12 | 成品套装门 | 套 | 1.00 | 1200 | 1200.00 |
| 13 | 地面铺装复合木地板 | 平方米 | 15.60 | 95 | 1482.00 |
| | 小计 | | | | 13 354.40 |

**续表**

| 次卧工程 | | | | | |
|---|---|---|---|---|---|
| 序号 | 项 目 名 称 | 单位 | 数量 | 单价（元） | 合计（元） |
| 1 | 顶面基层处理 | 平方米 | 9.60 | 22 | 211.20 |
| 2 | 顶面乳胶漆（白色） | 平方米 | 9.60 | 10 | 96.00 |
| 3 | 墙面基层处理 | 平方米 | 24.00 | 22 | 528.00 |
| 4 | 墙面乳胶漆（白色） | 平方米 | 24.00 | 10 | 240.00 |
| 5 | 彩色铝合金封窗户 | 平方米 | 4.50 | 320 | 1440.00 |
| 6 | 轻钢龙骨石膏板隔音墙 | 平方米 | 2.00 | 140 | 280.00 |
| 7 | 窗台铺装人造石 | 米 | 2.10 | 280 | 588.00 |
| 8 | 成品套装门 | 套 | 1.00 | 1200 | 1200.00 |
| 9 | 地面铺装复合木地板 | 平方米 | 10.60 | 95 | 1007.00 |
| | 小计 | | | | 5590.20 |
| **其他工程** | | | | | |
| 序号 | 项 目 名 称 | 单位 | 数量 | 单价（元） | 合计（元） |
| 1 | 人力搬运费 | 项 | 1.00 | 600 | 600.00 |
| 2 | 汽车运输费 | 项 | 1.00 | 600 | 600.00 |
| 3 | 垃圾清运费 | 项 | 1.00 | 600 | 600.00 |
| | 小计 | | | | 1800.00 |
| **工程总价** | | | | | 53 705.60 |

# 第3课

# 如何获得客户的信任

**核心概念：客户情绪、消费心理**

## 3.1 客户的抵触心理

签单才是设计师的终极目标，从只会画图的菜鸟到签单大神，只要你掌握了签单的关键步骤，签单轻而易举，会签会谈才是如今装修行业所需要的人才，才能立足于装修行业。

我们生活中充斥着各种各样的营销，最常见的莫过于电话促销了，我们经常会遇到这样的情况，接到推销的电话，第一时间是想办法挂机或推脱，与其说“人情冷漠”倒不如说大家习惯性地把“销售”和“骗子”画了等号。同理，客户在面对设计师推销时，也是本能地怀有一种拒斥心理，在自己和设计师中间设置了一道厚厚的“防火墙”，使设计师无法接近自己。那么，作为设计师应该如何打破这道“心理防火墙”，让客户主动安装我们提供的那些“非病毒的有益程序”呢？最关键的一点就是我们要获得客户的信任。

只有客户对我们产生了信任感，才会发现设计师确实是有益无害的，进而毫不犹豫地同意我们的“安装条款”。所以我们说，卖“信任”胜过卖产品，是有一定道理的。

市场上的装修公司很多，一旦出现了意向客户，多家公司的设计师会一起上，有的客户会被这种阵仗吓到，有的客户形容这种感觉说：“就像是猫见到了老鼠，感觉自己要被吃掉了一样。”结果还没跟客户搭上几句话，这个客户就已经走远了，更别提后期谈单签单的可能性了。

还有就是死缠烂打的推销方式，是最让客户感到厌烦的，一般消费者在购买东西的时候，都喜欢在舒适的环境和心情中完成交易。如果设计师为了尽快促成交易，不停地用语言轰炸消费者，不停地跟客户介绍产品的好处，多么多么值得买，使得客户几乎没有插嘴的机会，这种做法的结果就是——把客户仅存的一些好奇心都磨灭了。

谈单签单就是让客户从拒绝到接受、从排斥到认同的过程。拒绝是客户的习惯性反射动作，因为客户有先入为主的思想，而且这种思想很难转变，只要设计师在谈单的过程中善于观察、总结，客户的心理还是有一定的规律可循的。比如，客户对设计师会有抵触心理，对产品的质量会有怀疑心理，对价格都有嫌贵的心理，在成交时又难免犹豫。同时，客户都希望得到设计师的重视与尊重，都希望自己能受到最好的服务等。

工作中，确实有些设计师并不懂得客户的这些心理，只是一味地预约客户，见到客户就迫不及待地介绍产品、报价，恨不得马上成交。他们苦干、蛮干，

### 签单小贴士

**客户类型分析**

1. 优柔寡断型的客户。对装修合同的签与不签，或者到底是选用哪种风格，买哪个品牌材料等问题一直犹豫不决，难以决策。

2. 患得患失型的客户。对付出和得到总是斤斤计较，总是希望失去的最少，得到的越多越好。既有患得型的消费者，也有患失型的消费者，还有两者兼有的消费者。

3. 讨价还价型的客户。讨价还价是很多人的习惯。但讨价还价的人还分为贪小利和不知足两种类型。因为讨价还价型的消费者思维很灵敏，特别是对于价格或折扣，所以设计师一定要对数字敏感，对方一旦杀价，就要马上判断能不能优惠。

4. 理智型的客户。常常习惯于通过推理判断来决定购买与否，只选择自己所需，设计师这时要少说多听，适时地提出推荐就可以。

5. 自负自大型的客户。常常会对设计师的推荐置之不理，认为自己最了解自己需要什么。不管他是不是真的专家，既然他这么自负，就要尊重他，不要强制去改变他的观念，而是采用引导法。

6. 直爽型的客户。喜欢直来直往，其身心比较乐观、健康，在购买时很少会讳莫如深，与对方兜圈子，往往会直奔主题。很容易冲动地作决策，基本上不讨价还价。

7. 随性型的客户。最主要的特点就是购买时很少过多考虑，完全根据自己的感觉来。

见客户时甚至流露出咄咄逼人的强迫情绪，客户不被他们吓跑才怪呢。所以要想成为签单战场上的常胜将军，设计师就必须掌握一定的谈单心理学，灵活运用一些谈单的技巧和方法，学会站在客户的角度考虑问题，这样客户才能不请自来，设计师才能取得良好的业绩。

## 3.2 化解客户的抵触情绪

在接单的最后阶段，装修设计师一定要设法解除装修客户最后的困惑，与客户达成签单意识。举例说来，如果在其他条件一样的情况下，价格是客户主要考虑的因素，你应该向客户指出：价格和成本是成正比的，你的优质家居能对得起你所付出的价格。你可以告诉他们，虽然你的装修价格比其他的装修公司略高，但在装修期间，不会再有其他的增加项目，除非是客户自己非要加上去的，这样算下来客户所花费的价格是非常的合理；或者告诉他们你所提供的高贵典雅的设计风格可以保证以后很长时间内不会落伍，而且拥有自己的施工队，可以保障更稳定的施工质量，省去很多后期的维修费。

左：设计师的用心能够从设计图上表现出来，细微之处便能看到设计师的良苦用心。
右：从进门的毛巾架到浴缸角落的置物架，设计师将每一寸空间都合理地利用。

每个设计师的设计都融入了自己的特色，如果设计师前期与客户的交流很顺利，同时客户对设计师的设计方案也感到满意，但还是想要多对比几家装修公司后再做决定。此时与其处于被动地位，倒不如大方地让客户去对比，这样客户才会心甘情愿地签合同。

### （1）掌握客户的消费心理

装修设计师真正的目的是满足客户的需要，要使客户接受你和你的设计或服务，首先要从关注、了解客户的需求入手。签单高手从来不打无准备之仗，从不盲目地进行谈单，从不自以为是、一厢情愿地主观臆断客户的需要，甚至强迫客户接受自己的想法。他们在面对客户前，对客户的心理需求了如指掌。与客户沟通时，善于捕捉客户的需求信息，而不是滔滔不绝地介绍。因为，真正能打动客户的不是你的夸夸其谈，而是你能满足他的需求。

作为一名设计师，我们必须了解客户内心真正需要的是什么，他们的心理需求是什么。一般来说，客户购买行为要经过：你是谁？——你要说什么？——

**签单小贴士**

**开场白**

开场白是成功开始交谈的第一步，也是给客户的第一印象。不管是做哪一类型的谈单工作，设计师除了老客户的日常维护，还要不断地去开发新的客户，无论面对老客户及新客户，每一次电话拜访或者面访都离不开“开场白”。

好的开场白不仅会使你的潜在客户对你有个好的印象，或者对你的拜访更加感兴趣，更是成功交谈的开始，反之，没有一个好的开始，客户很难对你形成积极乐观的印象，对你的问候也就会漠不关心。由此可见，良好的开场白是成为签单高手的奠基石。

你说的是否可信？——我为什么要购买？——我为什么向你购买？这一系列心理过程。

在这五个心理过程中，签单设计师如果不能了解客户的心理，不能激起客户的兴趣，不能解决客户的疑虑和问题，客户就不会听你的，更不会买你的东西。

**（2）突破客户心理防线**

物美价廉是许多人追求的购物最高境界，对于客户来说，最希望的事就是自己用最少的钱买到最好的产品，只有这样，他才感觉获得了真正的实惠。设计师在推销自家公司的装修服务时，就要满足客户的这种内心需求，确确实实给客户一些实惠。例如，装修公司会跟不少的品牌材料、卫浴、建材、灯具等公司合作，拿到的产品报价自然比市面上的价格要低得多，一些公司会直接以折扣方式将优惠给到客户，也有的装修公司会以赠品的方式，赠送部分家用设备给客户，这些实实在在的优惠，对于客户来说会很有吸引力。

# 第4课 谈单需要适当的技巧

**核心概念：闲聊、口才、知识面**

## 4.1 闲聊时打开话匣子

开启谈单的神秘武器是闲聊。它是指琐碎、随意的谈话方式。打破抵触情绪与客户建立联系，最重要的就是闲聊。不要忘了，当你闲聊的时候，你不会失败，而此“闲聊”非彼“闲聊”。

你正忙于整理一件陈列品，场地里还有其他的两三个设计师在一起闲聊。客户会找谁问话呢？当然是正在忙碌的人，因为此时的你看起来不会急于达成成交或做太有进攻性的推销；忙碌的你看起来更敬业，客户觉得他可以打断你，你也会回答他所提出的问题。

任何时候“孩子”都是牵起闲聊话题的关键点，如果客户带着孩子进来，显然你有话题可聊了，天底下没有哪个父母不喜欢讨论孩子。有个性的服装也是你的话题点，如果一名穿着时尚感十足的客户走进公司，你可以聊一聊他的衣服品牌，在哪个专柜可以买到，时尚的人通常都是非常自信且需要得到他人肯定，你的赞美之词一定会让他感到心花怒放。车是一个人生活水平、经济地位的象征，如果你恰好看到客户开车过来，不管他的车是新、旧、少见还是昂贵，有机会的话都可以聊聊。每个开车的人都会认为自己的爱车有一些引以为自豪的地方，通常总是愿意聊上几句。女士的包包也一直是开启闲聊的话题，“每个女性的橱柜里永远都缺一个包”这句话适用于每一位女性。包带给女士的不仅是收纳，更是一种装饰、生活品位、内涵的显现。

## 4.2 口才是制胜关键

谈判是日常通用口才的形式之一。它涉及许多方面，包括个人的阅历、对生活的理解、对设计的认识、对材料的了解、对施工工艺的掌握程度以及消费心理学的知识。从某种意义上说，知识是谈判者口才的源泉。

“知识就是力量”这一名言，可以说是放之四海而皆准的真理。一般来说，具有更多装修知识的人，才具有较强的谈单签单能力。为什么这么说呢？因为如果设计师知识过于狭窄，对客户所提出的问题缺乏有见地的个人见解，想开口又无从说起，这样会在一定程度上影响客户对你的信任感。因此，具有丰富的专业知识、自然知识、历史知识、社会知识等，才能与客户进行良好的谈判。首先应把自己的头脑充实起来，在与客户交流的过程中，才智横溢，流畅无阻，才能吸引客户，使签单成为情理中事。

**签单小贴士**

**180° 路过的谈单**

180° 路过的谈单法适用于有展厅或样板间的装修公司，设计师可以利用 180° 路过的谈单手法工作。首先，看到有客户进来参观，走近并跟客户打招呼；然后，走出三四步，在一个安全的距离观察客户，脸上露出探询的神态，询问客户是否需要帮助，或者以提问的方式展开话题，大多数的时候，客户会转过来与你交流。相信大家也有过不少的被谈单的经历，有时候走进一家店，设计师从你进店开始就寸步不离地跟在你的身后，仿佛下一秒没看住你就跑了似的，这种环境想必大家都很反感，因此设计师也要注意跟客户不要跟得太紧。

设计师怎样使自己的言辞在谈单中更得体。如果设计师掌握了心理学知识，就可以较准确地分析出客户当时的心理状态，从而适时地表达出得体的言辞。古人云：“问渠那得清如许，为有源头活水来”，一个有谈判能力的设计师，在与客户交流时，的确可以源源不断流出淙淙的“活水”，而这“活水”靠的是对平常工作经验的积累与总结。

首先，“客户”是谈出来的，谈的过程是一种口才和心力的较量过程，谈判更具有目的性。毕竟“签单”才是设计师谈客户的谈判动力，而“质优价廉”

是客户的需求。其次，还要有一定的策略性。

### （1）从闲聊到谈单

经过短时间的个人交流后，开始进入谈单的阶段，设计师可以开始试探客户对于装修的一些看法及需求。假如在闲聊之后，你使用了转换句“今天你怎么有时间来我们店呢？”然后，你得到了一个拒绝性的回应，比如说“我只是看看”，那现在怎么办呢？客户都很聪明伶俐，他们十分清楚如何令设计师放过他们，他们练习过多次，迅速出声拒绝，并且摆出一副排斥的表情。话说到这个分上了，你确实需要审视一下当下的情况。或许他真的只是路过的某位客户，也有可能客户自己也没有意识到他说了这句话。这句话是面对设计师的询问时的盾牌，几乎是一个本能的反应。

如果在你再次闲聊和使用了转换语言之后，你第二次听到了“我只是看看”。此时，你只有两件事情可做：一是，把这名潜在的客户转交给另一名设计师；二是，如果你有强烈的签单愿望，你就拿这个客户来磨炼自己的签单意志。

一旦打开了客户的话匣子，当人们觉得那个听他说话的人是真的对说的内容感兴趣时，他会觉得更加舒服。所以，让客户开口比进行对话重要得多。客户跟你说得越多，签单的可能性就越大。这时，你只是认真倾听的一个人，而不是一个设计师。

通常客户在店里来回地观看店里的展示时，客户希望不要有人干扰到他，但是作为一名拿提成的设计师，这时候可以给客户做一个简单的设计风格、材料性质、户型等介绍。当客户对某一处感到十分地欣赏时，设计师可以拿出这个设计说明给客户参阅。在此之余，还要向客户指出说明书的重点，从而让客户精力集中于说明书，欲罢而不能，此时，设计师才算掌握了聊天节奏。一个小小设计说明书的介绍就能体现出签单高手与普通设计师的差距。

### （2）不让客户陷入选择困难区

很多设计师在介绍完装修设计后急于与客户成交，会一边询问客户“您觉得这个方案设计怎么样”，再一边等结果。而我们在洽谈和材料介绍等方面付出的巨大努力，都会因为这一句话付之东流。可能有的人会回答：“嗯，我觉得不错。”但是更多的人听了这句话，都会回答“让我再考虑考虑”“我和家里人商量商量”“我没带那么多钱啊”之类的话，把话题终结。

不管设计师之前的交流、设计有多好，一旦涉及“掏钱”的话题，客户都会不由自主地拒绝，这是正常反应。所以在谈单的过程中我们不要主动问客户要不要买，这样会让他们瞬间冷静下来。大多客户也是第一次收房与我们做设计交流，没有实际体验，却被问到设计方案如何，结果当然是没有什么特别的感觉，这些都是人之常情。

### （3）二选一设计

没有对比就没有伤害，做两手准备是没错的，从客户的角度，一份好的与一份逊色的设计方案还是可以看出来的，客户自然会倾向于更好的设计。

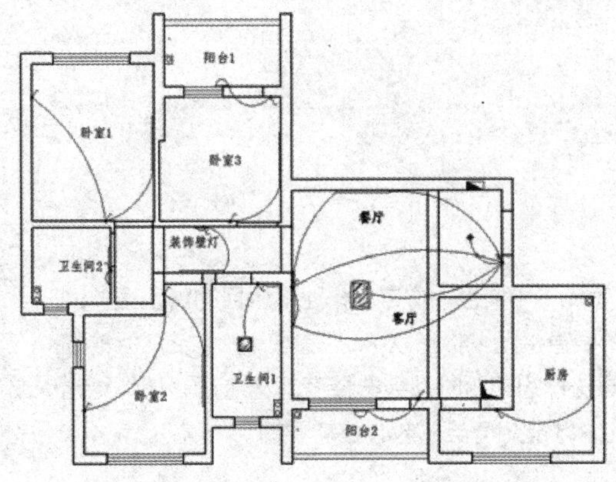


设计师在做第一份设计时，更加注重整个家居空间的布局，整个风格简单、朴实，没有过多设计储物空间，相对于第二份图纸，预算和成本报价也比较低。

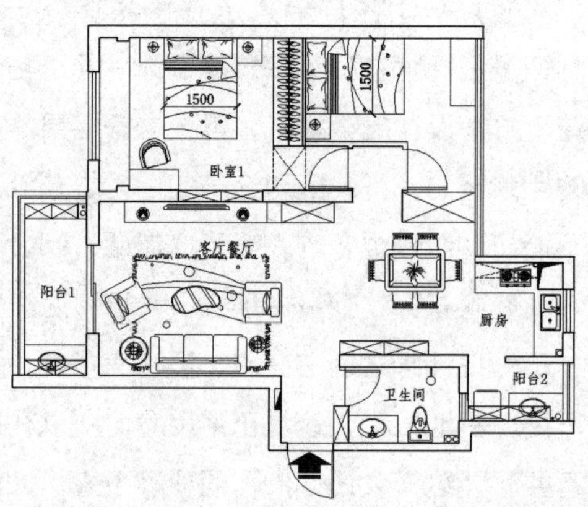


当设计师从家庭储物功能出发去设计，将空间中能利用的部位，都做成了带有功能性、美观性的设计，更加注意装修的实用性，例如将次卧的空间扩大，改变布局。

当客户遇到了更加合乎心意的方案，肯定会毫不犹疑地进行选择，此时你只需要将合同准备好即可。就这样，在客户几乎没做出抵抗，茫然不觉之间，我们已经帮他们整理好了合同的重要注意事项，只等他们签字画押，就可以结束战斗了。当然，这种方法不适合具有选择困难症的客户，对于他们反而会影响谈单进度。

## 签单小贴士

**二选一法则**

二选一法则代表的是一种必胜的信念，一种绝对成交，一种不达目的誓不罢休的态度。不要问客户“你要不要买”要直接问“你喜欢 A 还是 B”，你突然问他你打算什么时候购买，许多人在面对这样的问题时都会选择考虑再考虑，但你给出两个选择，让客户有选择，有对比，才能知道自己内心最需要的。

# 第 5 课
# 我的开场白

**核心概念：语气、时机、价值观、赞美**

## 5.1 寻找开场时机

谈单设计师与客户交谈之前，需要适当的开场白。开场白的好坏几乎可以决定这一次谈单交流的成败，开场白的与众不同，能够提高客户与设计师的交流愿望。这是最难的部分，足以区分普通设计师与签单高手。

开场白是设计师与客户见面时，前两分钟（如果是电话行销则是前 30 秒）的交谈，是客户对设计师第一印象的初步定格。第一印象取决于衣着与设计师的言行举止，虽然经常讲不能用第一印象去评判一个人，但往往我们的客户却经常用第一印象来评价我们设计师，这决定了客户愿不愿意给设计师机会继续谈下去。设计师开场白的表达方式、真诚与创意会影响整个约谈的气氛。

当代世界权威推销专家戈德曼博士强调："在面对面的推销中，说好第一句话是十分重要的。"客户听第一句话要比听以后的话认真得多。听完第一句话，许多客户就自觉或不自觉地决定是尽快打发销售员走，还是继续谈下去。因此，销售员要尽快抓住客户的注意力，才能保证推销访问的顺利进行。客户往往会通过设计师在短短几十秒中的表现，来决定是否听设计师讲下去，所以对设计师来说，要用好开场白技巧。

人们如果不是把消费当作享受，就是当作一个巨大的痛苦。要让刚走进装修公司的客户能享受与设计师一起交谈的时光。设计师要主动掌控整个谈话的走向。

## 5.2 金钱观

几乎所有的人都对"省钱"感兴趣，省钱的方法很容易引起客户的兴趣，我相信大多数人都喜欢以更低的价格买到更加实惠的东西，讨价还价就是最好的证明。

例如，在对老客户的拜访中。

设计师："张姐，我们公司今年新推出的集成设备，比市面上的同等设备要省一半的电费，上次就听您说家里的电热设备不好用，今天刚好是推广期，原价 5998 元，现在只要 2998 元您就可以把它带回家，活动过后就会恢复原价，您今天可以先预定一台。"

相信不少人对这些活动很上心，因为也确实是比平时购买更加优惠。这时候将订货单递给客户，问客户什么时候方便安装即可。

## 5.3 真诚的赞美

每个人都喜欢听好话，客户也不例外，因此，赞美就成为接近客户的好方法。赞美客户必须找出别人忽略的特点，让客户感受到设计师的真诚。赞美的话若是不真诚就成为拍马屁，结果可想而知。

例如，刚进来的一位客户在抬手的时候意外露出了手上的腕表，从外表看出这只腕表价格不菲，"您这只手表看起来很与众不同，是什么牌子的啊？"客户听到这种隐藏式的赞美，一般会很高兴跟设计师交谈下去，客户："这是'RONDE SOLO DE CARTIER 系列'的腕表。"设计师："这表看起来跟您气质很搭，很配您。价格肯定不菲。"客户："还好还好，谢谢。"这时候客户不会再觉得跟设计师说话很陌生，会很愿意跟设计师交流。

如果客户对价值不菲的腕表觉得还好，跟客户谈好装修方案之后，需要对方付款时，客户肯定也会十分干净利落，因为在潜意识里，设计师让他的虚荣心得到了极大满足，客户感到十分愉悦，自然愿意签订装修合同。

## 5.4 好奇心

好奇，是人类行为的基本动机之一。美国杰克逊州立大学刘安彦教授说："探索与好奇，似乎是一般人的天性。神秘奥妙的事物，往往是大家所关心注目的对象。”那些不熟悉、不了解、不知道的内容，往往会引起客户的注意，推销员可以利用人人皆有的好奇心来引起客户的注意。

例如，设计师：“赵哥，您知道世界上最懒的东西是什么吗？”客户感到迷惑，但也很好奇。设计师继续说，“就是您藏起来不用的钱，它本来可以采购我们最新款的地暖，每天只需 8.33 元，就可以给您带来一整个温暖舒适的冬天。”

地暖是如今不少家庭选择的冬季采暖方式，尤其是在有老人、小孩子的家庭。相对于其他的采暖设施，地暖的安全性与保暖性都极好，受到众多家庭的喜爱。

通过有效的开场白，设计师能够化解客户的抵触情绪，增强询问探查性问题的能力。问问自己，此前在这个方面做得如何，是不是对此有过思考。如果与客户进入对话的过程非常容易的话，那每个人都能做好，就不需要学习了。人们发现很难甚至是不可能与客户进入对话，部分原因是他们不想投入时间来进行这项工作。同时，设计师忘了他们在工作之外是什么状态。设计师不可能成功地做到，在生活中是这种人，在工作中是另一种人。

设计师的开场白是不是足够自信、有趣、机智呢？设计师与客户的关系是不是建立在正常的人与人交流的基础上的？无论是小孩还是成人，男人或女人，面对夫妇或是一群人，设计师的开场白是不是有效？如果设计师花时间设计出 30 ~ 90 个开场白，并且勤加练习，设计师的签单量肯定会比以前更高。

# 第6课
# 如何邀约客户

**核心概念：邀约方式、客户需求**

## 6.1 电话邀约客户

客户难约，几乎是所有行业的营销人员都会遇到的难题，作为一名装修设计师自然也面临这个问题。没有邀约，也就没有约访，就意味着没有业绩。只有把客户成功约出来，才有成交的可能。那么，如何通过一个电话，成功地把客户邀约出来呢？

### （1）打电话之前的准备工作

要邀约的客户一般分为两类：一是，陌生人；二是，已经碰过面的熟悉或不是很熟悉的人。在进行电话邀约客户前，要做到心中有数，明白自己打这个电话的目的。要准备好自己的优势去吸引客户，也可以说，给客户找一个必须见自己的理由，比如能够解决客户的问题，能够为客户带来帮助或利益，而不能让客户认为你是在给他添麻烦。

### （2）电话邀约客户对白案例

以下是某装修公司设计师电话邀约客户的全部对白。设计师在不久前曾在该小区内进行过广告宣传，并成功获得了业主的联系方式。因此，该业主属于有装修需求的潜在客户，如何发展成真实客户，第一步当然是将其约出来，可以这样去做：

设计师：李先生您好，不好意思打扰一下，我是在咱们小区跑业务时给您发过名片的那个小王，看您的房子还没有开始装修，这边想咨询一下您装修这块怎样考虑的呢？

客户：已经找好装修公司了。

设计师：哦，是交订金还是已经签合同了呢？如果是交订金那还可以作对比的，装修公司的订金如果不满意都是可以退的，所以还请您慎重考虑。

客户：还没交费呢，现在就在考虑。

设计师：哦，是这样的，我们在本市装饰行业里面算是比较有特色的一家公司，我简单介绍一下我们公司，您也可以参考一下，公司是一家成立 10 年……（此处开始介绍公司，将优点放大）所以您在没有确定装修公司之前完全可以把我们公司作为备选之一，理智对比，慎重选择。

客户：我现在不想装……

设计师：那行，这样我给您发个公司短信和我们施工工地的进度，您有需求可以联系我！

客户：你帮我算一下，我的房子是 100 平方米的，按你说的质量，你们公司装修完大概要花多少钱。

设计师：李先生，是这样的，大多数客户都和您一样，对目前的装修市场不是特别熟悉，才会问这样笼统的问题，我给您简单地介绍一下，现在家庭装修主要分为半包和全包两种模式……（此处向客户介绍和讲解不同模式的区别。）

客户：那你们装了那么多房子，应该知道像我这样的 100 平方米房子装修完大概要花多少钱吧？你说说全包多少钱，半包多少钱。

设计师：那是当然，您这个面积的房子我们经常遇到，一般我们是不会这样草率地报价的，我只能给您报个大概价格，按照自己居住的装修要求……（再次强调半包和全包价格不同。）

客户：哦，这样呀。

设计师：我们公司前期量房、设计、预算、出图、报价这些都是免费的，不忙的话约个时间我们聊一聊，给您出一套详细的装修方案，您就会准确地知道您的房子装修完要花多少钱了。

客户：哦，那关于价格还是等于没说嘛，我想问问你们铺砖多少钱一平方米，改水电怎么收费的？

设计师：李先生，是这样的，我们公司的铺砖人工费……（将大概价格告知客户与其他公司做对比，并将自己公司的优点和物超所值之处重点表述。）

客户：那跟你说实话吧，我之前去看过几家公司，按照你说的中等标准的

**签单小贴士**

**“半包”与“全包”**

“半包”的主材由业主自己采，辅料由装修公司统一采购，避免了全包对主材品类的诸多制约，能充分满足业主的个性化需求。弊端是业主自己采购价格较高，总体造价心里没底，很容易超标；辅料由装修公司统一采购，业主无法把关，如果使用劣质辅料或环保不达标，将影响整个装修工程的质量和日后使用。

“全包”省时、省力又省心，责权明晰，一旦出现质量问题，无论是施工还是材料，都由装修公司负责；全包的报价透明，整体费用更容易掌控，不易超标；装修公司集体采购的建材价格比市场价低 10%以上，更经济实惠；包含了材料的损耗，减少自购建材导致的配件不匹配、不便安装等麻烦。缺点是目前装修市场混乱，某些企业缺乏诚信，而材料价格、种类繁杂，一旦装修公司虚报价格，拿劣质材料欺骗业主，则很难识别。

装修，全包的模式，几家公司都报价在 6 万过一点，你们的 8 万左右，还是比别家贵。

设计师：先生是这样的，多看几家是对的，俗话说货比三家不吃亏嘛，但是就装修行业来说，比较价格一定要在同样的质量基础之上，否则是没有可比性的……（以朋友的口吻强调质量高于价格。）

客户：嗯，这个确实是，那我再考虑一下……

设计师：李先生，刚好我们下周五在装修中心有活动，您周五有时间可以过来了解一下，看看我们的样板间设计，时间充裕的话，我可以带您去看看我们给其他客户正在装修的房子，在完全了解完公司的情况以后，如果您觉得不是您想要的，那您完全可以再去别的公司去做比较。

客户：行，看你这么实在，那周五我们好好聊一下。

**（3）电话邀约客户方法总结**

通过上面这个案例，我们可以总结出，装修设计师在进行电话邀约客户时，首先需要进行简单而有吸引力的自我介绍，让客户感受到自己能从你这得到哪些实惠。其次，在对话中，利用“二选一法则”提高谈话“目的”。例如，这个案例中，客户原本只是随口问问大致需要多少装修款，而设计师利用“二选一法则”，介绍半包和全包两种装修方式的优缺点，将客户的思维转移到装修的具体过程中，成功进入装修的实质性话题中。另外，在电话中一定要带客户进入关于预约的具体时间和地点，完成电话邀约的主要目标。

## 6.2 上门拜访客户

上门拜访客户一般是在电话邀约客户后，与客户在电话中约定好了进行上门拜访的时间。或是与客户有过简单认识，比如前期在进行广告宣传时得知客户的家庭住址，之后进行上门拜访。

上门拜访比电话邀约在形式上更直接，能直接面对客户，感受客户在每个谈话瞬间的情绪变化及心理反应，推测客户的真实想法和意向，从而提高自己的签单率。

**（1）上门拜访客户的注意事项**

在上门拜访前，我们不仅要对自己此行的目的做好准备，即熟知与装修有关的专业知识，还需要有一个好的形象展示给客户。见客户的第一印象很重要，笑脸盈盈、精神抖擞、干净清爽的形象总能给人好的印象，增加信任感。

开场白是设计师与客户见面时，前两分钟要说的话，在上门拜访客户时开场白除了简短的介绍外，还可以进行必要的寒暄，这样能让客户对你建立初步的依赖感。开场白要达到的目标就是吸引对方的注意力，引起客户的兴趣，使客户乐于与我们继续交谈下去。所以，开场白中的陈述能给客户带来什么价值是非常重要的。

通过有吸引力的开场白赢得了客户的注意后，与客户之间有了基本的认识，这时候就要开始介绍来访的目的，在这个环节中，要注意突出能为客户带来哪些帮助和利益，从而吸引对方。

### （2）上门拜访客户对白案例

以下是某装修公司设计师上门拜访客户的全部对白，设计师在获得业主的地址并准许上门后，进行了拜访与洽谈。

开场白：您好，请问您是方小姐吗？

客户：是的，你是？

设计师：方小姐您好，我姓杨，是装修公司的设计师。咦，这是您宝宝吧？真可爱，一看就是个小淘气呢！

客户：是啊，调皮着呢，可磨人了。

设计师：方小姐，我今天来呢，是想咨询下您新买的房子现在有没有考虑装修呢？

客户：暂时还没考虑。

设计师：哦，那您计划什么时候装修呢？

客户：可能到明年去了吧。

设计师：哦，是这样啊，其实如果您明年有装修计划的话，可以考虑利用下半年这段时间，好好比较几家装修公司。现在人工和材料费用年年都在上涨，提前准备会为您节省不少钱呢！您是打算自己找装修队装修，还是找装修公司呢？

客户：自己找装修工人来装修吧！我已经有联系的装修公司了。

（可与客户讲出自己找装修队应注意的要点。）

设计师：（这时候去问客户联系的是哪家公司，普遍客户都是不会说的，那么我们就要转移话锋，开始推荐我们公司。）您看要不这样，您什么时候方便，也可以到我们公司来看一下，或者我可以安排设计师给您量房验房，做个平面设计方案和预算，您看怎么样？

客户：我已经在联系我们本地的装修公司了，你们公司有何不同？

设计师：（这两个问题的性质是一样的，一旦客户自己说出装修公司的名字，不管是大是小，都说好，如果这个公司你压根没听过，也不要说没听说过之类的，这会让客户觉得你很不专业。简单一笔带过之后，也要转回到自己公司的介绍上来。）您也可以考虑到我们公司来看一看哦。

客户：哦？是嘛。你们公司是怎么包的啊？

设计师：我们公司是以全包为主的，当然半包也可以做。那我要重点给您介绍一下我们的“任意装”产品。任意装的概念就是“风格任意选，材料任意挑，项目任意做，数量任意加”，就像吃自助餐一样。那“任意装”推出的最核心的意义，也正是我们公司最大的服务优势，充分保障您的预算安全，绝不会像其他公司那样，预算一个价，结算又是另一个价，完全避免了“层层加价”的这种装修陷阱，哪怕您是在开工之后有增项，我们都不会加您的钱。这样您装修起来就没有任何后顾之忧啦！

客户：你们还能这样做啊？那价格会不会很贵呢？

设计师：我们的任意装分为两种类型，一种是不包含木制作的价格，（此处开始介绍公司的优点、价格、环保材质等，要以客户的需求去吸引他）那您想做多少柜子，我们都可以给您做到位的。这才是真正意义上的全包，而不是像某些公司做套餐那样，广告打得是很有诱惑力，但实际上限制这个限制那个，谈着谈着您就不想跟他谈了是不是。

客户：恩，确实，你们装修公司的套路就是太深了，我之前接触过几家，都是广告打得好，过去咨询了才知道，这也加钱那也加钱，太烦人了！

设计师：所以啊，您就可以来好好了解一下我们公司推出的“任意装”，只有负责任的品牌公司才敢给客户这样的承诺，也只有集团化的采购规模，我们才能做出这么低的价格。所以您选择我们公司，绝对会比其他公司谈起来更轻松，更愉快的！

客户：哦，这样啊。那我还想问一下，你们任意装里面都包含一些什么啊？

设计师：我给您解释一下，任意装是一种全屋个性化定制的全包模式。里面除了水电、泥工、木工、油漆这些基础装修，还包含水泥、砂子、水管、电线、板材、油漆这些基础材料；此外还包括您全房的瓷砖、卫浴、木地板、开关和插座、五金件、橱柜、集成吊顶、实木房门和移门（推拉门、厨卫门、衣柜门）等九大类主材，一站式的集成家居，是很省心省力的哦。

第二种回答：我给您说一下不包含的项目吧，您可能印象会更深刻一点。选择任意装，您只需要自己购买家具、家电、灯具、窗帘、大理石和一些个性化的软装配饰，其他项目都由我们公司给您搞定啦，是不是好方便！

客户：这个确实很方便，我平时工作比较忙，也实在是没时间来操心装修这一块，所以装修一直拖到了现在，不少装修公司给我打电话，但是都是“说得好”，去看了几家公司后就放弃了。

提问：方姐，这是我们公司“任意装”的项目资料，您可以先了解一下，毕竟装修是大事，肯定是要多找几家公司对比的（再次推介自己的公司使客户放心。）这是我的名片，您有空的话去我们公司看看，给我打电话就行，到时候我肯定给您一个最优惠的报价。

客户第二天就到公司考察，当场签下了装修意向书并交纳了装修金。

### （3）上门拜访客户方法总结

在上门拜访客户的过程中，对于客户经常提到的问题，如果事先没有充分准备，只靠自己的临时反应，效果就会大打折扣。科学的做法是事先针对这些问题有所准备，想好最佳的答案或应对的方法，建立一整套属于自己的客户拜访专业话术，在拜访之前就反复演练并熟练掌握，这样沟通的效果才有保证。另外，在平时还需要锻炼与提升自己，使自己具有一些受人欢迎的特质，比如真诚待人、热情开朗、诚实守信、具有幽默感等，具有这样特质的人走到哪里都会受到别人的欢迎，而这些特质也将会使你此次的拜访事半功倍。

# 第 7 课 促单的N种方法

**核心概念：手法、方式、心态**

## 7.1 反问促单法

在装修及软装装饰项目的谈单中，有时候需要使用一些营销技巧，促进谈单的进度，达到签单的目的。假设设计师正在向一对夫妇推销一件他们两人都喜欢的卧室家具，也已经成功地向这对夫妇展示了这件家具的价值，如果真的想要购买，那这时你们可以感觉到夫妇在等待设计师要求他们去购买。后续，他们也许会问到“这件家具可以在周三前送到吗？”多数设计师会回答“可以”，可是，就算你知道周三前能送到，也不要这样说，如果情况不确定，就更不要这样说。应该立刻以一个成交式提问作为回答：“您希望周三送到吗？”或者“我们应该在周三什么时候送到？”如果他们回答说“好的”，设计师就成交了。当然，设计师得遵守承诺按时送到。对于“设计师的成交式提问”的这一方法被称作反问技巧，是因为它把问题又还给了客户，也是对客户信息的再次确认。

设计师说：“如果我能为您找到一台 3000 元以下的儿童床，您今天就可以下单吗？”这是一种过时的促单技巧，大部分使用这种反问促单的设计师会为这种方式感到后悔，因为大多数客户都会改口说“我先看看”或者“我考虑一下”，设计师咄咄逼人的语气会将客户拒于千里之外，让客户感到自己不被尊重，而且会让客户从心里感觉到设计师的不专业。现在客户的精明老练足以看透这些老套的推销技巧，所以设计师要适时地使用反问技巧。

## 7.2 “极限低价”促单法

设计师在谈单的过程中基本上都避免不了客户的讨价还价。很少有销售员知道如何使这种局面为自己所用。利用“极限低价”促单法能够安抚讲求价格型的客户，让他觉得设计师正在尽力争取最低的价格，即使设计师知道自己很可能根本无法做到。

通过展示帮助客户得到最实惠的交易，设计师会让客户对这笔交易投入更多的情感。例如，当设计师去确认大衣柜是否有减价的可能时，那位客户很可能在想：“但愿能成。”此时客户对减价十分关心，由于购买的希望被提升，她也变得更加在意拥有这个大衣柜本身了，低价是许多客户在意的事情，大家都想要拿到更低的折扣，这种方法比较有用。

左：“极限低价”的促单方式能激发客户的购买欲望。
右：一款材质、色彩相当的柜子，客户更倾向于有折扣的那一款。

“极限低价”促单法能帮助设计师解决价格上的棘手问题。如店里没有合适的地方可供设计师假装向经理请示的话，设计师可以要求经理假装正在讨论客户的打折要求。在使用“极限低价”促单法的时候，设计师必须做出成功的表演。

## 7.3 主动促单法

主动促单法经常是让犹豫不决的客户付诸行动的有效方法。在客户对签单难以决断的时候，设计师应该放松微笑，跟客户开个幽默的玩笑，然后再要求客户购买。说的时候要带点儿幽默感，即使大部分时间设计师不是个爱搞笑的人。大多数客户会欣赏设计师的坦率和对这种局面自得其乐的态度。

当感到客户基本满意时，应积极主动地建议购买并简述购买的好处。这里的步骤是首先建议客户购买，其次是简述这款设计的好处。简述好处的目的是给客户信心，彻底消除他的敏感心理。例如：“我认为这款定制家具十分适合您家的装饰风格，而且这款产品是目前我们整个地区销售量最好的，板材健康环保，建议您就买这一款吧！”

## 7.4 第三方参考促单法

由于在购买新材料时，大多数客户都不是非买不可，所以有时设计师需要再多给客户一个购买理由，即使设计师已经为产品确立了足够的价值。

第三方参考促单法的目的是在客户不太有把握时，为他们增加信心。让客户知道，在设计师不知道的时候已经有很多人购买了这一款产品，或是某个人对已完成的家装服务非常满意。这里的“某个人”可以是任何人。这个人可以是一位路过的客户，顺便来感谢设计师，她很喜欢设计师所做的装修设计；也可以是设计师的一位购买过类似产品的朋友，他十分高兴能够拥有如此优秀的设计。

实话实说，客户是否会因为某人最近也买了这件家具，就对购买这件东西感到更为放心？答案无疑是肯定的，我们都会因为这个或者那个人买了这件家具而更加地放心。知道某个人已经买过而且感到满意，就能给予客户更多的信心去做同样的事。

不少单元楼的业主，在自己装修之前，都会到隔壁的邻居家瞧一瞧，看看别人家的施工效果如何，这也是客户自身寻求让自己放心的做法。在谈单时，一些设计师带客户看样板间也是基于这一点。

## 7.5　处罚促单法

处罚促单法通常采用这种形式：“我们一年只此一次活动，明天就要结束了”“这是我们最后一件存货了”，或者“明天恐怕就买不着了”“销售活动明天就结束了，我保证这样的折扣可不会经常有的”等。处罚促单法就是对想在设计师所在的公司里花钱的客户进行催促式处罚。请把这条促单技巧从设计师的列表上划掉，这个方法和那些老套的推销伎俩一样，在今天的零售环境中，它已经被过度使用了。

这类表达方式会令客户感到不快，而且多数只会让客户下决心光顾别的公司，在那些店里，客户不会因为想花钱购物而受到处罚。假如出于某种原因，设计师决定不得不对客户说一些类似处罚的话,那就不要把话说得像处罚一样。试着用其他的方法代替。

例如：“这是我们最后一件存货了。我绝对没料到它能在明晚之前就卖完，但我还是得让您知道。”客户就会想，既然这是最后一件，有可能随时会被别人买走，那我就先下手为快。

**签单小贴士**

**样板间设计**

样板间是众多装修公司在小区开展业务的重要手段，以优惠的装修价格，吸引小区居民。展示出公司的设计与施工，让客户实实在在地看到公司的装修能力。

但是，一般装修公司在材料使用上会力求尽善尽美，不惜重金。家具、厨卫设备也极其高档，都是厂家为样板间“量身定做”。所以样板间是很多业主很难承受的装修标准。或者是实际施工很难达到样板间所具有的这种效果。

## 7.6 订货单促单法

你是不是曾经见过，在客户还没准备去收银台付款的时候，有的设计师就已经开始填写订货单了？这又是一种有效的促单方式，称作订货单促单法。

假设设计师的客户正在谈论他希望对设计图纸做一些改变。他可能想要设计师将酒柜的尺寸改小一点，或者想为书桌增加收纳功能。使用订货单促单法时，设计师的任务就是把他的任何要求都写在一张真正的订货单上。

拿出一张订货单，询问客户的个人信息和送货时间及地点时，如果客户毫不抗拒地把这些信息都告诉了设计师，设计师就算是成功了。如果客户还不确定，反问设计师："我还没决定好呢，为什么要告诉你这些？"这种情况下，设计师要做的就是道歉，通常这个时候客户也不会责怪设计师，毕竟已经交流很久了。

# 第8课
# 尊重客户就是尊重自己

**核心概念：尊重客户、口语、礼貌**

## 8.1 交流要用心

与客户交谈时，为了拉近双方的距离，往往会谈论一些私人话题，或者是对方感兴趣的话题，这样可以缓解初次交往时的严肃气氛。在“拉家常”的过程中，如果涉及设计师讨厌或不擅长的话题时，同样应该认真地倾听，这是对对方的尊重。相反，如果设计师表现出不耐烦或厌恶的神情，将会直接影响到后期谈单交往的结果。一般客户与设计师会进行多次的交谈来确定最终方案，谈及私人话题的频率很高，所以设计师认真地倾听是很必要的。

设计师要接纳客户本人以及他的外表，不管他长什么样子；接纳客户的个性，不管他的脾气有多么古怪；接纳客户的信仰，不管信仰与自己的有多么大区别；接纳客户的穿着打扮，不管穿着是否老土还是另类；接纳客户的要求，不管要求有多么不合理，但不能违背基本道德和法律。从心理学的角度分析，每个人心中都有某种强烈渴求被接纳的愿望，客户亦是如此，虽然设计师与客户在年龄、性别、工作、宗教、种族、国籍上可能存有差异，在与客户的交谈中要适时地表示赞同，因为没有人喜欢在自己发表观点的时候被他人忽视或者否定。即使设计师觉得客户的某些观点、意见是自己不能接受的，也不要在语言上表现出尖酸刻薄。

总之，设计师要最大限度地接纳客户的一切，不管客户与设计师本人的认识和理解有多大差距。换句话说，我们要放下自己的看法、观点、判断和主张，才能够尽最大可能地接纳客户，满足客户的需求，只有这样才能够实现自我。

## 8.2 口头表述清晰

每个人的说话方式各有不同，一样的话有人说出来悦耳动听，有人说出来粗俗无比。如果设计师只是一味按照自己的表达方式给对方做介绍，可能会遇到，你的解释说明对方根本不理解。在装修设计中，客户即使敲定了设计方案，但是到了施工时要求设计师现场改图的情况屡见不鲜，尤其是在水电施工的过程中，一旦增加或者改变路线，不但增加了工作量，还耽误了原本的装修工期。

或许设计师觉得自己说得够清楚直接，但是未完成的房间会给人留下很大的想象空间。所以，设计师在与客户沟通的时候，一定要选择对方容易接受的方式，这是对客户最起码的尊重，也是促成交易的根本前提。

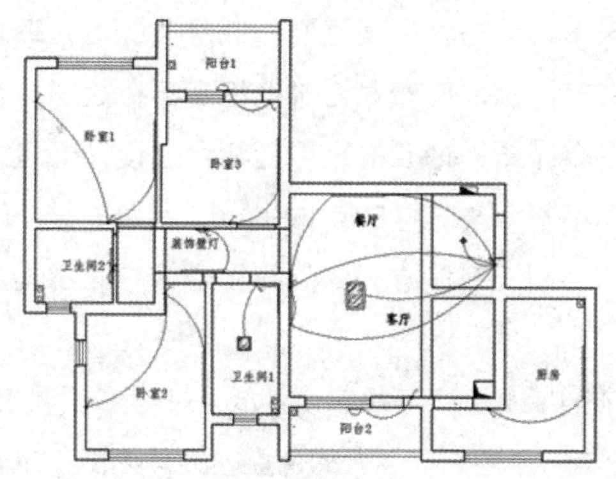


在看设计图纸时能给人极大的想象空间，设计师在讲解设计说明时的语言一定要简单直接、清晰明了，防止出现上述问题。

## 8.3 “礼”多人不怪

这里的“礼”可以是对客户的一种礼貌，也可以是偶尔送给客户的小礼物，尊重开始于礼貌。设计师想表现出对客户的尊重，那么就先从礼貌开始，用礼貌的方式对待客户。

礼貌可以产生的作用远比设计师想象的要深远。在签单中，无礼是在为客户提供一种劣质的服务，客户会感到自己没有受到尊重，很多客户就是因为劣质的服务而流失了。礼貌传达的核心就是尊重。礼貌是一种行为标准，是设计师在签单中对待客户的一种应有的方式，即使客户在交流中有不好的情绪，出于职业道德，设计师依然要用礼貌的方式对待客户，这样也可以弥补因为负面情绪而带来的不良影响。

让客户感受到设计师对他的尊重，感觉到设计师期待与他合作。让客户感受到设计师早已把他摆在了重要的位置上。当客户的自尊心得到满足时，自然乐于与设计师合作。其实每个人都希望自己的特点和风格被他人接受并得到重视，得到尊重和信任，一旦实现了，交流中的一切难题也就迎刃而解了。在实际生活中，许多人都忽略了这一点，因此在社交过程中吃尽了苦头，买卖没谈成不说，还毁了自己的形象，成了一个没有素质、不懂礼仪的人。

正视说话者是尊重对方的表示。如果与客户谈话时，低着头说话，眼睛盯着没有人的地方，视线涣散或者直愣愣地看着对方等，都是不礼貌的，客户会认为设计师对他不够尊重，没有诚意，精明的客户还会认为设计师是个胆小、懦弱、害羞的人，任何人都不愿意与这样的人做生意。因为，一个不敢正视别人的人，很可能对自己的公司没有信心，试问有哪个客户愿意与这样的公司合作呢？

设计师要注重眼神礼仪，无论在什么情况下，都应该养成一种尽量用温柔、友善的眼神去看人的习惯，这对设计师的签单有很大的裨益。眼神热情，以示随和，有些人虽然心地十分善良，办起事来一本正经，可是两眼看起来却冷若冰霜。这种人属于理智型，他们的理智胜过感情，做事一板一眼，缺乏表情变化。这种人自尊心过强，性格比较刚烈，很容易被别人误解，在谈单签单中，这样的人很难与客户达成合作。

“眼神是心灵的窗户。”“眼神能杀人。”这些都说明一个人的眼神能够表达多方面的意思。在谈单过程中，有些设计师总用一种溜溜转的眼神看客户，这是一切麻烦的源泉。还有一些人比较善于伪装，与客户闲聊时眼神温柔、笑容可掬，可是一旦涉及实际利益问题时就原形毕露，目光冷峻而显得不可一世，这样的人，在与客户谈单中势必会吃亏，要知道客户都十分老练，想要躲过他们的眼神搜索是不可能的。

## 8.4　随手记录重点

“好记性不如烂笔头。”设计师要做好记录工作，这也是对客户的一种尊重。在拜访客户时，随手记下时间、地点和客户姓名头衔；记下客户需求；答应客户要办的事情；下次拜访的时间；也包括自己的工作总结和体会。

对设计师来说，这绝对是一个好的工作习惯，设计师工作繁忙，每天要接待许多的客户，随时随地地记录能有效地提高工作效率。还有一个好处就是当设计师虔诚地一边做笔记一边听客户说话时，除了能鼓励客户更多地说出他的需求外，受到尊重的感觉也在客户心中油然而生，设计师接下来的谈单就不可能不顺利了。

左：长时间的记忆总会模糊不清，记录能够有效地帮助设计师，避免在客户面前出错。

右：在与客户谈方案时，偶尔的记录能让客户感到你对他的要求很在意。

## 8.5　尊重客户私人空间

客户的时间很宝贵，相信每一位预约过客户的设计师都知道。而尊重客户的时间也可以为自己节省更多的时间，这样设计师就有时间接待更多的客户。

首先，不要让客户感到设计师在浪费他的时间，否则他不会想再和设计师谈下去。在谈单中要注重提高服务的效率，用最短的时间把最想表达的内容说清楚。这是对客户的一种尊重，也是提高工作效率的好方法。

其次，设计师在为客户提供设计服务的时候，尊重客户的个人空间这很重要。客户总是喜欢有一个自己挑选风格和造型的时间。就像平时我们自己去逛商场一样，总是不希望导购马上过来询问我们需要什么。当告诉他不需要的时候，他就站在旁边，让人突然有了一种被人监视的感觉，便逃也似的赶紧离开了那家店。而设计师在与客户谈单中，要适时地给客户空间，不要让客户感到自己的自由被侵犯，不要在谈单的时候只想尽快地让客户签合同，当客户说要和家里人商量的时候，设计师要尊重客户的个人空间，之后再次电话联系客户就好。

设计师只有先尊重客户，才能让客户尊重自己，当客户接受了自己，也即客户已经对设计师本人产生了信任，在后期的谈单过程中，当设计师站在客户的角度，推荐适合的装修方案时，自然就会达到事半功倍的效果。对客户的尊重可以从以下几个方面表现出来。

首先，约见客户时，要面带笑容，亲切、热忱地对待客户，让客户有个良好的印象。口齿要清晰、音量要适中，最好使用与对方相同的语言。

其次，当设计师拜访客户，碰到客户正在忙，无暇接待时，应该懂得有所进退或留下名片，择日再拜访。遇到偶然的机会或场合，必须做好礼节性的应酬。例如，客户的公司开业了，或举行庆祝酒会，邀请设计师参加，这时必须准时出席。同时，还要考虑是否要送贺礼，像花篮、贺卡之类。

最后，每逢过年过节，应给客户寄上贺卡。圣诞节、新年时也应如此，礼多人不怪。在客户有特别纪念的日子中，例如，生日、结婚周年纪念等，也应该有所表示，至少也要以电话恭贺。这样，关系就变得融洽了，如果有小巧的赠品，最好能亲自送上，顺便见见面，与客户保持联络。

# 第9课
# 对客户巧妙提问

**核心概念：提问技巧、提问方式**

## 9.1 提问对签单的重要性

想要做出一个适合客户的设计方案，必须先了解客户的真实需要，在与客户沟通中，适当地进行提问，这是发现客户需要的重要手段，设计师必须运用各种技巧和方法，获得更多的客户信息，才能真正了解客户想些什么。提问也是了解客户最好的方法，能够快速了解客户的内在需求，设计师应注意尽量向客户传达更多的信息，引起对方的思考，从而控制对方的情绪和谈话内容。

设计师对客户了解得越多，越可以帮助客户选择设计适合的装修风格和色彩搭配，并且成功地与客户签约。设计师也就更加能够推荐配件或附加服务，能增加销售额，成为当月的业绩冠军。

设计师在提问的过程中能够不断地让客户思考，将客户带入设计师预想的谈话流程中，这时设计师就能够掌握整场谈单的主动权。一旦客户进入更深度的思考，客户的内心需求就能够最大限度地被设计师掌握。当设计师掌握了整场谈单的节奏后，让客户签单就几乎不是问题了，所以设计师要掌握好如何在谈单时进行适当的提问，让客户敞开心扉。

弄清楚为什么客户想购买不是提问的唯一目的，提问的第一个目的是理解客户的想法、需求和愿望；第二个目的是建立客户对设计师的信任。

如果客户对一个特殊的事物感到兴奋，设计师需要利用这种情绪，将其转化为销售，或增加销售。例如，在提问中得知客户是一个生活中充满小资情调的女性，且是一位充满人格魅力的职业女性，那么在对女客户的装修进行设计时，需要按照客户的生活习惯去设计，如设置具有展示性与实用性的酒柜、可以偶尔休憩的小露台、可以看书的空间等。设计师从客户的需求出发去设计，客户还会拒绝吗？

爱因斯坦曾说过：“提一个问题往往比解决一个问题更重要。”而在一场谈话中，提问能将整场的氛围推到最高点。设计师可以提前在纸上列出客户的需要、要求和期望，尽可能多地获得客户的信任。但是设计师无法通过快速宣讲或拷问客户来建立信任。在探询的过程中，设计师所提问的数量与构建信任之间并没有必然的联系。信任是通过设计师提问时关切的语调，和回答客户提问时热情的态度来建立的。

假如客户不信任设计师，那么设计师在尝试向客户推出设计或进行其他推荐时会很困难。相反，如果设计师能够与客户之间发展信任的关系，那么设计师的建议就会更容易得到客户的认可，设计师在推出自己的设计方案时，以及给客户推荐部分选材时，客户也更容易接纳。例如，在客户对选择地中海风格还是简欧风格犹豫不定时，设计师可以向客户询问平时的生活习性、作息时间以及工作性质等，从客户的生活细节中，推测出客户所需，这样既可以帮助客户选择，又可以更深层次地了解客户，在谈单中也能更加清楚客户在选择上更偏向于哪一种。

巧妙的提问能够拉近客户与设计师之间的距离。设计师也能从中发现客户在谈单中有哪方面的疑虑，能够更全面地解决客户在谈单中的纠结。提问是众多谈单技巧中的关键技巧，当设计师对客户提问时，客户会认真地思考然后给出答案，这时候的客户在一定程度上已经没有了刚开始的防备。

## 9.2 提问技巧

不管是在与客户初次见面时，还是与客户正在谈单中，提问是促进双方签单的重要枢纽。提问是诱导客户告诉设计师需求的重要话术。例如，公司里来了一对夫妇，其中妻子更加喜欢观看厨房样板间的每个细节的设计，而丈夫则更加注重客厅的设计，那么设计师在对这一对夫妇提问时，尽可能地针对夫妻两人的不同来提问。

设计师：先生，您平时下班回家后一般是在书房还是客厅活动呢？

男客户：一般会在客厅看看球，玩下手机，偶尔帮助妻子处理家务。

设计师：女士，你平时一定很喜欢烹饪，喜欢做西餐还是中餐呢？

女客户：一般是做中餐，偶尔会做西餐。

左：根据女主人的回答，设计封闭式带餐台的厨房，以适合在家做烹饪。

右：利用楼梯下方的空间，将其打造成休闲娱乐的小空间，这是针对男主人生活习惯的一个利用空间的设计。

### 签单小贴士

**称赞客户**

不少家庭都会在门口摆放一定的装饰。这些装饰大抵都是主人的心头好，他们想与来人分享，所以才特地放到明处。但是，一般情况下没有人会对小小摆设多加留意。没人留意，就没人称赞，主人会很伤心。所以我们可以特别针对这点挑起话题。不要一脸平淡，要瞪大眼睛，用些许夸张的语气表示赞叹，然后提问。

# 第10课
# 寻找客户签单信号

**核心概念：微表情、动作、语言**

## 10.1 表情信号

客户的购买信号，是指客户在交易洽谈过程中所表现出来的各种成交意向。每一个优秀的签单人员都必须善于解读客户购买信号，捕捉销售时机。设计师在与客户交流时，要随时注意客户的一举一动，及时解读客户发出的购买信号，从而避免错过销售机会。

表情信号是与客户在洽谈过程中通过面部表情表现出来的成交信号。这是一种无声的语言，它能够表现客户的心情与感受，其表情十分微妙，具有迷惑性。例如，客户在听取设计师介绍装修风格时，表情专注如一、不断点头，或者面带微笑、兴高采烈等。这些表情信号说明客户正信任或接纳设计师的销售建议，在这个时候应抓住时机，及时提出成交建议。

## 10.2 眼神信号

眼睛是心灵的窗户，比嘴巴更会说话。对销售而言，眼神信号更具意义。客户的眼神是变化无穷的，当客户与设计师的谈话很投机时，眼神会闪闪发光；当他觉得索然无味时，眼神会呆滞黯然；当他觉得没有谈下去的兴趣时，眼神会显得飘忽不定；当他看方案思考时，眼神会凝住不动；当他决定要与设计师签单的时候，从眼神中能看到他对设计师以及设计师的方案的肯定。

当设计师捕捉到客户的这些眼神暗示后，就应该适时地改变自己的策略，把握客户的心理，让客户随着设计师的思维而动，从而达到签单成功的目的。有经验的签单业务人员会仔细捕捉客户透露出来的所有信息，并把它们作为促成交易的线索，勇敢地向客户提出签单的建议，使自己的签单活动趋向成功。优秀的设计师能从与客户交谈的眼神中，发现客户在某时间段的反应，并能够在签单的过程中抓住客户的疑虑、困惑、不解，从而在谈话中获得主动权，一步步走向成功签单的终点。

## 10.3　语言信号

语言信号是客户在洽谈过程中通过语言表现出来的成交信号。这是成交信号中最直接、最明显的表现形式之一，是签单人员易于察觉的签单信号。例如，客户对设计师推出的产品产生兴趣时，会继续询问。客户说：“我可以再试一试这个沙发的弹力吗？”“这款家具售后服务有保障吗？”“我的朋友也建议我购买这种家具，说它安全无污染，真是这样吗？”等，设计师应该从客户的话语中捕捉信号，促使与客户之间销售的完成。

## 10.4　行为信号

行为信号是客户在销售洽谈过程中通过其行为表现出来的成交信号。客户表现出的某些行为是受其思想支配的，是其心理活动的一种外在反映。例如，客户想要将家里儿童房的电脑桌和床都换新，在听完设计师的展示介绍后，会不自觉地走近观看、抚摸产品，详细查看预算单，并要求查看具体的尺寸及使用材料等。这些行动已经明确地告诉签单人员其购买意向，签单人员应抓住签单的时机。

**签单小贴士**

**合理控制语速**

在与客户交谈中控制语速，是指对自己说话速度的控制。控制自己说话的速度，有利于与客户交流的顺利进行。适当地放慢语速，给客户留下领会的时间，可以让客户更加清晰地了解我们的意图；逐渐加快语速，可以有效地控制洽谈时间，减少客户的不耐烦情绪。

有时信号是很微妙的，如客户重新坐回到椅子上，或者明确地问设计师：这些产品什么时间能送货？从客户的语言和行动上设计师可以了解客户的兴趣程度。当然这些购买信号不是十分明确的。这就需要签单人员细心地留意客户的一言一行，准确理解客户的意见，大胆向客户提出签订供货合同或订单。有时，虽然客户有购买意图，但他仍会提出一些反对意见。这些反对意见也是一种信号，说明双方很快就有可能达成协议。例如，客户有时候会觉得颜色，或者质感不是很好，但是这些都不是问题，都是可以在制作时更换的。

及时发现客户的签单信号，能够加快我们的签单步伐，在更少的时间里创造出更多的价值，作为一名优秀的签单设计师，准确地掌握客户的签单欲望，能有效地提升自己的专业素养。当然了，拥有足够的客户源与签单量，才能在装修行业中成为佼佼者。只有积累了大量的签单实战经验的设计师，才能够快速地与客户成功签订装修合同。

左：简洁的现代风设计签单率很高，造型简单、设计简单、价格低廉，但是只要有 1 ~ 2 处设计亮点，就能打动客户，如悬空式的隔板，高弹力沙发等。

右：石膏顶角线条与各类壁纸搭配，配上具有欧式风格的推拉门与地毯，绝大多数客户是不会反对的。

# 第11课
# 谈单五大误区

**核心概念：换位思考、尊重对手、不作假**

设计师需要掌握的签单方法有很多，如何避免签单误区以及如何针对不同情况采用不同签单方法等，需要设计师反省自己。以下是在装修谈单时常常会犯的五种错误，设计师要在签单大战中认清它们并尽力避免这种情况发生。

## 11.1 与客户争论不休

当设计师和客户争辩时，就等于是在间接地说客户错了。一般人都很讨厌别人在大庭广众之下说自己错了，尤其是显然有错的时候。设计师的责任是要赢得客户的信任，了解客户的需求并服务于他们，而不是展开一场辩论赛；除非客户的问题是在质疑设计师或公司的诚信，或否定家装方案的品质，否则一语带过即可。不能在一些与签单无关紧要的小事上纠结。

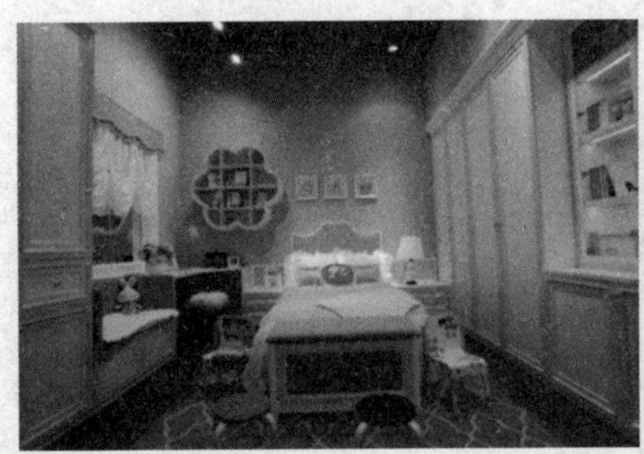

左：当客户希望做出一些富有童趣的设计，但又不愿意多增加费用时，可以先将效果图制作出来。

右：日式榻榻米是很多年轻客户群体的最爱，而年长客户不会过多追求，不要轻易以自己的生活习惯去与客户争辩这种风格如何不好，可以从家具的复杂程度指出价格较高、使用频率低等问题。

## 11.2 诋毁同行

假如没人提起设计师的竞争者，设计师就不应提起他们，更不要指名道姓地讨论对方。绝对不要拿他们的家装设计作比较，或以任何理由攻击他们。为对手说好话，就是间接地褒扬对手及其家装方案。客户会因此对设计师有好感，尤其是设计师的对手在过去访谈中曾经恶意批评过设计师的状况下，更是如此。

## 11.3 以自我为中心

设计师可能对自己的喜好很执着，但设计师同样应该记得客户对他自己的喜好坚定不移，毕竟房子装修了是客户自己住，而不是设计师本人。客户往往都喜欢与自己品位类似的人签单，假如设计师强烈表达与客户相反的意见或立场，他很有可能不跟设计师签单。千万别以为客户会认同设计师个人特别的信仰或喜好，即使客户在看方案时没有明确拒绝设计师，之后也可能不再联系了。

左：客户想要在地中海风格中加入些简约气息，打造小清新的感觉。
右：设计师坚持用经典的蓝白线条装饰设计，打破了客户原本的设想。

## 11.4 擅自做主

在设计师告诉家装客户可以给他折扣或提前进场或提前完工，而设计师并没有这种权限或者根本无法做到的情况下，设计师必须再回到家装客户那里去承认自己无法履行诺言。设计师破坏了自己的信用，也破坏了作为整个装修签单基础的家装客户关系。装修设计师不仅要保证做对的事情，还得避免做错的事情。犯错会造成伤害，这是我们在签单时应注意的。

## 11.5 吹嘘卖弄

在客户面前强夸自己的装修设计。对自己的家装设计不遗余力地吹嘘和不实陈述，这样的做法会使客户感到厌恶。信任是最后促成签单的重要催化剂，所以绝不可冒险做或说任何可能损毁信任的事。

事实上，在目前普遍缺乏信任感的家装行业中，谦虚可能比吹嘘更能博得客户的好感。与其吹嘘自己家装设计的特别功能，不如引述其他家装客户愉快的使用经验。借别人的话来赞美自己的家装设计。这样的做法比较容易让家装客户接受和相信，跟促单中的“第三方参考促单法”是一样的原理。

左：一个装修方案的好坏并不是由设计师说了算，也不是其他人觉得好就好，而是要得到装修业主本人的赞同。

右：一个好的设计肯定也是容易被大多数人接受的设计，设计师要避免自夸行为。

# 第12课

# 对客户要感同身受

**核心概念：换位思考、处理方式、付款方式**

## 12.1 客户抵触心的由来

或许设计师自己也有过非常糟糕的购物或被销售的经历，它存留在心里，当在某些关键点上恰巧唤起对糟糕经历的回忆的时候，设计师也会毫不犹豫地做出抗拒的反应。

如果设计师以做生意的姿态迎接客户，设计师会收到条件反射性的拒绝性回应，比如“我只是看看”或者类似的什么话。令人吃惊的是，大多数客户并不知道自己在说什么，这只是一种条件反射。如果设计师一开口就与销售有关，就好比设计师的头顶上有一个标语：“别相信我，我只是想卖东西。”如果不说与销售有关的开场白可能效果会更好，那么许多人经常用到、提到的“销售方法”就是无效的。

## 12.2 信任与价值

在所有签单技巧中，几乎没有哪一方面能比处理客户异议更充满挑战性了，这也是大多数设计师遭受失败的领域。大多数时候人们会出于两个原因购买某件东西：“信任和价值”。那么由此可知，客户拒绝购买的原因大多是缺少信任和没有价值。不管哪一种情况，都会遭遇异议；比起客户对设计师缺乏信任的问题，解决客户的价值判断问题要更容易一些。

如果客户不愿签单是因为他认为合同缺少价值，这就是在告诉设计师，他的需求或购买欲没有得到满足。他没能被设计师说服或者设计师没能给出充足的理由，让他今天对签单做出正面的决定。如果客户不愿购买是因为他不喜欢设计师，那么设计师很可能没能成功地与客户建立理解和信任，甚至没能消除客户的抵触心理。这时客户很可能会说“我会回来的”“我想随便看看”等这类“托词”。

不论设计师的工作做得是好是坏，许多客户都很难说出自己的真实感受。

具有讽刺意义的是，在与客户建立信任的过程中（特别是在探询过程中），设计师做得越好，客户就越是难以说出客户提出异议的真正原因。客户会为说“不”感到内疚，因为设计师已经和客户建立了情感共鸣，而客户也不想让一个新朋友失望。相反，如果设计师建立信任的工作做得不好，设计师可能会更强烈地感受到客户的异议，同时客户还会为了离开找出任何借口。

有时候，客户对签单犹豫不决是一种防御机制，其目的就是推迟做出决定。很多客户确实希望在做出决定之前先随便看看，可能习惯了借用这句口头禅使自己从店里脱身。另一种情况是，客户可能借用“我想随便看看”或“我要仔细考虑一下”之类的话来撒个小谎，而真实原因可能是价格太贵了。如果是这种情况，即使花上一整天时间争取客户，但由于没找到真正的问题所在，设计师依然无法达成交易。设计师不能只从表面意思来理解客户的语言，而要努力发现客户的真正想法，这一点对设计师至关重要。

当客户缺少对设计师的信任时，即使设计师能够发现他提出异议的真正原因，想要打消他的购买疑虑也总是很困难的。一个不信任设计师的客户会对设计师千方百计应对其异议的行为感到厌恶。有些人会尽一切可能确保设计师不失望，比如问设计师“什么时候关门？”“明天上班吗？”等，所有的这些行为都是为了让设计师存有希望，尽管客户并没有回来的打算。

那么客户对签单提出异议的真正原因就是客户觉得：这个设计可能随着科技的进步而过时；或者这种装修设计超越了自己的审美，自己无法欣赏却又不好意思说自己不懂；或者设计师的设计不值这个价钱，尽管客户喜欢这个设计，但是不愿意为这个设计埋单。

有些客户不能确定自己想要什么，更无法对设计师说清楚。如果客户说这个方案整体做得不够精致，突出不了风格，那就做一个更精致的方案给他。满足客户的需要是设计师的工作，即使客户也不确定他到底想要什么样的风格，但是设计师依然要在整个过程中保持高度的热情，还要在客户无法说清自己需要什么时避免表现出沮丧的神情。我们可以对客户进行适当引导，因为只有明确真正的原因才能处理他的异议。直到知道了客户对装修的真正感受，我们才能完成交易。在设计师耐心引导客户的过程中，客户也对设计师产生了极高的信任，自然后面的工作也就畅通无阻了。

## 12.3 处理客户的异议

在处理客户的异议中，设计师要理解客户的感受，但不必认同客户的异议。有些争强好胜的设计师似乎认为，处理客户的异议就是与客户争辩，或者软磨硬泡直到客户屈服为止。

成功地处理异议几乎完全取决于设计师与客户合作的能力，这是一种全面理解客户感受和设身处地为客户着想的能力。它还意味着设计师不应该与客户对立起来，创造出一个“我们互相对抗”的局面；设计师要让自己站在客户的一边，时刻对客户保持关心的状态，一旦客户在谈单的时候出现了异议，马上提出解决异议的方法，或者跟客户达成一致的见解。

在处理客户的异议时，不要打断客户说话，因为这样做暗示着你觉得他说的话无关紧要，不值得倾听。如果设计师让客户把他关心的问题说完，设计师也许会发现他只是在做出购买决定之前习惯性抱怨一下而已。

**签单小贴士**

**不打断他人说话**

不打断他人说话是一种礼貌。每个人都会有情不自禁想表达自己想法的时候，但如果不去了解别人的感受，不分场合与时机，就去打断别人说话或抢接别人的话头，这样会引起对方的不快，有时甚至会产生误会。首先，轻易打断他人的谈话会让人觉得设计师很没有礼貌，其次，打断他人的谈话会影响别人的思路，或许思维就在那一刻灵光乍现，一个好的构思就被打断了。

### （1）理解客户

很多设计师一听到客户的异议，就会主动选择放弃努力，随即递上自己的名片，告诉客户自己哪天不在公司，如果设计师送出名片让这位潜在客户离开的话，他就不太可能再回来了。客户的异议一直都存在，设计师没有很好地处理的话，就算冲着公司的实力确实回来了，也多半会在正好是设计师不在的日子。当客户说他必须咨询丈夫或妻子、想再四处看看或者回家量尺寸时，有些设计师会感到生气并变得好争论，其实设计师生气或沮丧的情绪会刺激客户，让其也产生同样的感受。

承认客户的感受能促使客户赞赏设计师是个善解人意的人。但是，设计师必须小心不要越界，即承认客户的异议与认同客户拒绝购买的理由这两者之间的界线。如果客户一直对设计师展示的方案的某个特点提出异议，这通常是由于探询中沟通不力造成的。设计师就不必浪费精力展示客户不喜欢的设计，不如继续从探询中得到准确的信息。只有在揭示客户真正的异议并说服客户后，客户才会欣然地付款签合同。

### （2）付款方式

这部分，客户的异议绝不是“还要仔细考虑”，而是在重新检查了预算单后提出的。我们要找出真正困扰客户的问题，然后，可以给他推荐价格较为优惠的套餐。

左：客户不喜欢设计师推荐的吊顶款式，可以根据客户的喜好设计。

右：对于色彩搭配，只要是不突兀的颜色，设计师都能巧妙地融合。

左：依照客户的要求更改柜体结构，增加衣通或减少抽屉，在没有进入施工制作之前都是可以修改的。

右：效果图中壁纸只是为了搭配风格，直接带客户到现场选材更好解决问题。

# 第13课 与客户做朋友

**核心概念：做人原则、沟通、管理**

做生意就是做人。尤其是设计师天天面对客户，设计师的心里要把客户当成朋友看。客户见到业务员的时候他不会先想到设计师是为他提供服务、解决问题来了，想的大部分都是设计师来挣他的钱或是通过他挣钱来了，所以对设计师有抵触心理是再正常不过的事情。

一般很难有第一次见到客户就成朋友的。但是设计师见到客户的时候不能太拘谨，因为客户有抵触情绪的时候需要设计师的大方来打破僵局。设计师要从内心里觉得客户是朋友，和他平等沟通，既不盲目自大也不妄自菲薄。让客户能感到设计师平和的心态，对接下来的装修设计介绍和详细了解客户需求有很大的帮助。

首先，把握好介绍装修设计的时间。一般都是介绍完装修设计后就想找个能聊天的话题，这个话题一般和工作和想销售出的装修设计无关，以消去客户的防护心理。其次，设计师要有敏锐的观察力和快速的反应能力。通常去拜访客户时，进入办公室后用余光迅速观察办公室的布局和装饰物，然后和客户沟通的时候要观察客户的衣着和发型，将自己观察的东西迅速在脑子里分析，最后就可以有选择性地深入探讨某些话题。工作之余可以约客户周末一起打球，或者一起去书店看书，这样有过一次活动后感情自然会深很多，就像跟朋友一样。

## 13.1 了解客户

### （1）前期客户资料的准备和了解

机会偏爱有准备的人，万事俱备以后，才有底气与客户进行谈判和进一步的交往。我们可以通过各种途径了解客户的日常喜好、生活作风、工作作风等，然后针对这些情况做相应的准备。其中，了解客户的性格特征很重要。按照每个客户的不同性格、习惯进行分类，但无论是哪一类，我们都应该想个应对的万全之策。因此需要设计师有个敏感的神经，在尊重客户性格的同时，积极寻找性格的突破口，寻找与客户相关的共同话题。

**（2）与客户交朋友需要真诚、自重和尊重对方**

适当站在客户的角度去为对方考虑，在自己力所能及范围之内努力帮助客户达成自己的目标，争取达到双赢。与客户交往过程中，不能因为客户价值不大而懈怠，也不能因为客户价值太大而对自身信心进行质疑，以致谈判开始便让自己陷入被动和不利局面。

**（3）多关注客户的生活近况**

当今社会社交平台很多，可以在各种社交平台多关注客户的近况，并积极展示自己对客户的关心。站在一个朋友的角度来关心客户，让客户有装修需要的时候第一个想到的就是你。

**（4）信守承诺，做一个说到做到的设计师**

一方面不能随意许下承诺，夸夸其谈，另一方面对许下的承诺也必须遵守。只有这样，客户才有理由相信在和设计师合作的过程中不会有虚假，也能放心地将房子交给设计师所在的公司装修。只有设计师遵守一定的原则，客户才能放心与设计师合作和交往。

**（5）不要忽视给每笔生意来个漂亮的收尾**

与客户谈到最后，订单虽已经完成，但是如果忽略了收尾工作，你很可能错失了下一个潜力客户。在装修结束的时候我们可以考虑给客户适当的优惠，或给客户赠送小礼品，或者日后与客户有更为日常的交往。最后，需要强调的是，和客户交朋友，不能太刻意，也不能太随意。

## 13.2　与客户交往的方法

和客户沟通的时候要细心、认真，要特别留意客户的家庭情况、子女情况和身体健康情况等方面的信息。一般的设计师都知道客户生病的时候是个好机会，当然设计师不是盼望客户生病，但是如果客户生病了，我们一定要把握机会。这个时候去看望他，是像朋友一样的看望，关系好的会更好，客户也会对设计师印象有改观。

### （1）急人所急

了解客户的家庭信息和子女信息的目的是看设计师能否帮客户解决一些相关问题，能不能去帮客户完成他想做却没有做到的事情，比如孩子上学，或是家教什么的。我有个朋友做业绩是弱项，基本上没有业绩，但是他负责的项目的领导有个孩子想找个英语家教，他就每天去辅导英语而且不收费，经常和领导沟通，结果当年客户单位发福利房，一个项目就几千万的定单。当然这样的机会不是每个人都有，就要看我们的细心程度了。了解这些信息，至少我们可以在适当的时候给客户的家人买些小礼品什么的，不是一样可以逐步地改变吗？和客户成了朋友后也不能过于随便，要随时提醒自己朋友是客户，出去唱歌喝酒时也要尊重客户，但不要太谨慎，否则好不容易建立的朋友关系容易生疏。

### （2）随时沟通

与客户直接有效的沟通方法是登门拜访，与客户面对面的交谈。一些不是很重要的事情或紧急的事情还可以通过电话、邮件与客户沟通。让客户在第一

小礼物是和客户拉近感情的有效武器，逢年过节更是如此。请客户吃饭客户不一定有时间，但是客户一定有收小礼物的时间。

时间知道最新的装修资讯，即使这种即时讯息客户过段时间也能自己收到，但是设计师主动发给客户，会让客户感到被重视。

充分利用发表过公司案例的刊物，市场的最新装修行情和动向等，这些比设计师口头说的更有说服力。毕竟公司规模是支撑设计师进行销售工作的坚强后盾，公司的决策性文件比设计师的口头表述更有说服力。

### （3）情利双收

在与客户谈话过程中，适当地表达出我们对客户的赞赏之情，更有利于拉近与客户之间的关系，从而促进与客户之间的友好互动。例如，许久不见的客户换发型了，可以适时地赞美这个发型与客户的气质很搭。将客户的兴趣排在利益的前面，让客户知道我们并不是只关注他口袋里的钱，更关注与他之间的朋友关系。即使我们会丢掉这笔生意，但是在长期的合作中，设计师得到的会是更多的订单。

与客户之间建立良好的、长期的合作关系，最重要的就是理解客户的心理，这也是维护客户关系的关键。我们的性格、气质、外貌或许可以吸引到客户，让客户愿意继续和我们交谈，但是要知道，与客户交谈的主要目的是签单成功，虽然与客户之间的谈话进行得非常顺利愉快，却没有到达最终的目的，这是不可取的。客户最终购买我们的设计服务的主要原因是他正好需要这样的装修设计服务，而不是因为与我们谈得开心愉快。所以，即使注重与客户建立良好的关系，也要明确自己的使命。

### （4）管理客户的方法

面对众多的装修客户，新客户与老客户需求肯定是不一样的，新客户考虑的是新房的装修材料、装修风格及搭配等，而老客户想得更多的是对装修后的保养与维护。那么这个时候设计师可以用分等级的方法来管理客户和与沟通客户，避免冷落了部分客源。

① 新客户。在销售额方面占该设计师的一半以上，这样的客户可能只有

一家，也可能有几家，占总客户数的 20% 左右，如果在今后的客源方面设计师得不到客户的支持，设计师的工作将会无法正常开展下去，任务也很难完成。所以作为一名设计师至少要用一半的时间、精力及市场资源放在这些客户身上。即使设计师跟客户没有直接的业务联系，他会为设计师推荐优质的新客户，比设计师自己去市场上摸索客户要强得多。

② 老客户。在销售额中占该设计师 30% 左右。这样的客户数量占总客户数的 60% 左右，老客户是不可以轻以放弃的，这类客户发展好了很有可能成为设计师一类客户，对这样的客户要多关心、沟通，鼓励帮助客户，才能把自己的业务做大、做好。客源是设计师一直头疼的事情，所以一定要好好把握身边的资源。

左：老客户更倾向于对现有家具的再利用，避免浪费，在设计营销中要考虑到家具的清洗消毒与重新搭配问题。

右：对具有收藏价值的古董家具要考虑到保养细节，这些在与客户交谈时可以适当提出，表面上是在谈古董家具，其实是在迎合客户的需求，更好地管理客户。

# 第14课

# “一心二用”谈客户

**核心概念：互助性、判断性、全局性**

可能我们都曾有过一种购物体验，当我们走进一家商店时如果长时间没有人接待，会感到备受冷落，进而离开。那么，当客户比设计师多时，怎么办？

## 14.1 口头协议留客户

设想，如果设计师在为客户 A 服务的时候，客户 B 进来了。设计师必须注意到客户 B。如果没有注意到，客户 B 很可能在没有任何人接待的情况下离开，或者与其他的设计师签约，这代表潜在的签单机会的丧失。很多店的客流量主要集中在一个时间段，特别在促销活动期间，设计师千万不要在一个客户身上耗费太长的时间。在一个客户上耗费了很长时间，可能使得设计师在签单高峰期就成交一个客户。如果同样的时间花在那些比较快签单的客户身上，可能已经成交好几单了。那怎样才能快速签单成交更多客户呢？

设计师怎样才能为自己找借口暂时离开但又不激怒客户 A 呢？那就是用充分的爱和关注。设计师可以问客户 A："能帮我一个小忙吗？"一般而言，对方的回答是："可以。""我跟另一个客户打招呼，您能稍等一会儿吗？我会马上回来。可以吗？"设计师会听到客户 A 说："好的。"在某种意义上，客户 A 和设计师达成了一个他在原地不动的协议。

设计师走向客户 B，说："您好，能帮我一个小忙吗？"这个打招呼既是设计师的开场白，也是与客户 B 订了一个口头的协议。客户 B 会用困惑的眼光看着设计师。尽管如此，客户往往会说"好"。然后，设计师说："您能稍等一会儿吗？我招呼一下那边那个客户，然后过来为您服务。这样可以吗？"假如客户 B 说"好"（实际上经常如此），那么他就与设计师达成了一个口头协议，他不会离开，待在公司里，因为他答应过设计师。

有的客户可能会说，"不，我马上要走了"，或者"我先到隔壁去看看，一会儿再回来"，或者诸如此类的。但绝大多数会说"好"。在试图同时接待两位客户时，使用口头协议会产生比常规做法好得多的效果。口头协议之所以有效，是因为设计师在用极谦恭的态度请求人们帮自己一个小忙。

## 14.2 优先接待原则

公司突然一下来了好几个客户。客户 A 穿着华丽，进来就直接看展厅里的真皮沙发；客户 B 穿着有档次，但进店后却是随便看看；客户 C 穿着朴实，进店后也是随便看看。

如果客户较多，在人手不足的情况下，应先接待有实力的和购买欲望强的客户，这类客户是有目标的观看，一旦有喜欢的款式会马上询问设计师，这时候如果设计师不在视线范围内，客户会很快离开。

很明显，客户 A 应成为签单员的主攻客户，因为其购买实力以及购买目标已经非常明确，客户 A 很有可能成为优先成交的客户。暗中观察客户的消费程度、体型、年龄、气质、适合的家具。要想快速成交，不要向客户多余介绍新品，帮助客户缩小选择范围，最好把客户选择范围限制在两种，至多不超过三种，这样更有利于快速成交。

## 14.3 请同事帮忙接待

在签单中，很多客户都是自己提前电话预约来公司洽谈的。洽谈时间基本上是由客户根据自己的空闲时间而定，如果两位客户同时来公司，或者设计师正在与新客户谈方案的时候，之前没签约的客户今天过来敲定细节，那么在这个时候，设计师一个人肯定是兼顾不了两个场面的，客户的时间都很宝贵，谁等谁都是不可能的事情！

这个时候可以请公司的业绩标兵或者上级领导帮忙接待，跟客户介绍时可以说：“不好意思，我现在这边有点忙，这是我们公司的高级设计师（部门经理），由他先跟您介绍一下这次装修的方案，我先失陪一下。”这样客户不会感到被怠慢，相反，还会有一种优越感。因为老客户对设计师已经有了一定的了解，看设计师在现场人气居高，客户也会觉得自己选择了有实力的设计师。老客户对设计方案已经看过了，那么就只剩付定金了。

## 14.4 制造签单气氛

在很多客户同时进公司的时候，我们经常可以看到很多客户在看材料，体验家具，设计师也是忙得不可开交，结果一个这样的旺场下来，要么大部分都不买，要么很多人排着队买？为什么会出现这样的情况呢？怎样控制这种情况呢？

其实人大多有从众心理，当看到别人买的时候，一般人都多少有种想买的冲动；当看到别人咨询体验后不买的时候，也会有一种放弃的冲动。所以这个时候，我们要做的就是制造出签单的气氛。

## 14.5 兼顾全场

在旺季和人流量高峰期的时候，很明显的一个特征就是客户多、设计师少，同一时间里可能有很多客户都有咨询、体验等需求。一个人接待一个客户是肯定忙不过来，所以一定要做到兼顾，才能满足这种旺场的需求。

当客户进来时，如果设计师没有关注到，客户就没有被关注的感觉，这种感觉非常微妙，可能直接导致客户进来随便看看就走了。旺场的时候，所有的设计师都要有全场意识，不要只顾着正在接待的客户，而是要照顾全场，尤其靠近门口的设计师更要时刻关注是否有新客户进店。如果有新客户进店，不管有多忙，都要带头接待。一句欢迎口号占用不到三秒钟时间，却一方面让新进客户受到了关注，也会让全场气氛更热烈起来。如果客户在此时有需要的话，他肯定是找最开始跟他打招呼的那位设计师，那么这位设计师签单的概率会更大。

# 第15课 客户的焦虑感

**核心概念：焦虑来源、化解与巩固**

有时，设计师觉得装修客户对设计师提供的设计方案和相关服务完全满意，但客户就是迟迟不签单，这个问题令许多设计师百思不得其解。

市场上规模大、口碑好的装修设计公司众多，客户也有挑花眼的时候，也有不知如何抉择的时候，影响客户签单的因素有很多，设计师需要从中发现问题并解决问题。

## 15.1 客户为什么焦虑

担心签单后会后悔是大多数客户的焦虑点，即使今天看起来跟设计师签单是多么理所应当，客户也会害怕到了明天、下星期，或是下个月自己会因此而感到上当受骗后悔。随着装修金额的增大以及客户必须自己作选择，这种恐惧会成比例增加。同样，他也担心做错事而因此失去面子。毕竟大多客户都是第一次装修房子，各方面经验不够，加上谈单员的能言善辩，设计师越是会说，客户就越是心里发怵，这时候设计师说得越多客户就越是选择逃避。如何抓住客户的“担心点”才是设计师此刻需要尽快解决的问题。

对于许多客户来说，买房加上装修可能已经耗费了家里大部分积蓄，因此担心签约后由于某方面原因造成家庭财产损失，所以签合同对于客户来说是至关重要的大事。客户会担心将装修控制权交给设计师后，在装修的过程中处于被动的状态，有的客户对控制权非常地在意，相信有不少的设计师在谈设计方案时已经感受到了。同时，装修客户如果资金拮据，可能会缺乏勇气做出重大决策。装修客户如果资金储备不充裕，一样也会很小心谨慎。装修客户的工作不是很稳定，或是个性缺乏自信，这种恐惧则更加明显。这时候，设计师要做的是安抚客户，而不是以嘲讽的姿态来面对客户，很多装修客户都不是第一次谈合作就签单的，有很多客户在还未收房时就考虑装修的问题，经常找设计师咨询，设计师的态度也决定了客户是否会在收房的第一时间通知设计师可以签合同了。

设计师在处理客户异议时也要留意客户的情绪变化。例如，浴室没有办法放下浴缸，只能挂淋浴，但客户却非要放浴缸，出于设计师的角度是不建议放浴缸。同样地，虽然知道设计师是在为他考虑，他也会尽可能拖延签单的时间，因为他感觉到设计师对他控制全场的能力感到质疑，而延迟签单这是他的权利。

有些客户自身就很矛盾，对未知的事情充满了疑虑。例如有的客户担心无法把握新居装修后的状况，无论设计师如何保证，客户还是宁愿维持现有的装修风格和色彩现状。未来新居装修后是什么样子，这对他们来说是个很大的未知数，有些人不敢冒这个风险。而作为设计师，如何应对客户的这种心理呢？

首先，设计师可以将公司的成功装修案例讲给客户听，将装修的效果图与竣工图给客户看，必要的时候可以让客户与案例的主人沟通一下（前提是设计师跟案例主人很熟，并且得到同意的前提下），而最直接的方法就是带客户去正在装修的工地上考察，毕竟眼见为实，耳听为虚。

其次，为客户出方案效果图是留住客户比较好的方法，将二维图纸转换为三维效果图，客户的想象空间会逐渐地往效果图上思考，这样能够更加真实地让客户体会到装修后的居住情况。

最后，随着科技的发展，许多装修公司开发了数码家居，用高科技的手法再现全屋装饰的场景，利用 VR 眼镜让客户感受效果图上的场景。

## 15.2　客户的需求保障

作为签单设计师，要知道设计师提供的不是单纯的装修设计方案，而是一种解决方法，一种期望。客户决定签订装修合同，就是购买了一种解决问题的方法，购买了一种美好的期望。如果能满足客户的期望，客户就会顺利地签单，相反，如果让他的期望落空，他就很难跟设计师签单，就算已经签了，让客户再付工程余款，也会比较困难。

在新入住的小区设点和在公共场所“现场设点接单”的方法越来越受欢迎。离家近的装修公司并不多，朝九晚五的上班族很少有时间去跑装修公司，而现场设点咨询的方式对客户来说更加方便快捷，谈好细节之后可以直接签单或者去公司考察后再签单。

在接单的最后阶段，装修设计师一定要设法解除装修客户最后的困惑。如果在其他条件一样的情况下，价格是客户主要考虑的因素，设计师应该向客户指出价格和成本是对应的，高质量不可能是低价，为客户消除焦虑。

# 第16课
# 强大的手绘能力

**核心概念：手绘草图、效果图**

## 16.1 画草图

徒手画草图是设计师信手拈来的表达设计方案的方法，具有快速方便、简单易懂的特点，在客户对你的设计产生疑虑时，设计师可以将设计更加细节化，通过快速手绘的方式让客户在短时间内明白你设计的要点，这种方法适合与客户面对面谈方案时使用。

去客户家量房时，设计师需要根据目测比例快速勾勒出房形，与客户交谈时能够将每个空间的大致使用功能分析出来；客户在语言上不能理解的地方，设计师能够快速地在图纸上反映出来；你也能在客户提到需求时，将客户的要求画出来，更好地理解客户的要求。在客户的角度，你如此懂我的想法，那我还有什么理由不把这个方案交给你做呢？

有了好的构思，用草图把它表达出来，草图一般都采用徒手绘画来完成。作为一个专业的设计师，你会发现图上的东西很少能够以百分百比例完美地制造出来。设计师的工作是在短时间内给出各式各样的创意，同时也要让客户能

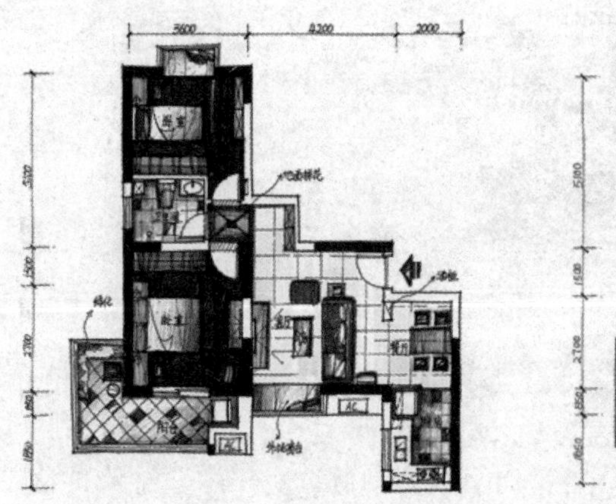


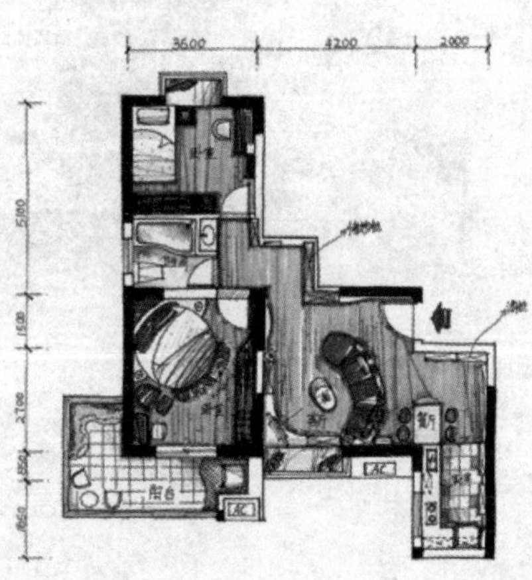


对同一套户型设计多种变化方案，能大幅度提升签单机率，这是考验设计师水平能力的重要方面，当客户看到有多种方案可选时，顿时就会对设计师产生信任感。

够理解你的想法。而良好的草图绘画技术就是设计师与客户沟通创意的关键，手稿是设计师的设计灵魂。刚开始画草图的时候可能会很艰难，经过一定时间的积累，画草图能够让你的设计思维更加开阔。设计师不必把草图画得过于精致，一旦将草图画精致了，那你画草图的意义就变了。掌握这点之后，你就能画出更多的草图，而且画图速度会得到更快的提升。

## 16.2 手绘透视图及效果图

“透视”是一种绘画活动中的观察方法和研究视觉画面空间的专业术语，通过这种方法可以归纳出视觉空间的变化规律。要想画出三维物体的草图，基础的透视知识是必需的。透视图具有将三维空间物体转换成便于表达在图纸上的二维图像的作用，同时也是评价一个设计方案好坏的依据之一。这项技术，能够让你的设计在众多的设计中脱颖而出，透视图效果是同类型效果图中最好的，但是较为考验设计师的手绘能力，对于手绘能力较弱的设计师，建议还是以电脑绘图为主，避免弄巧成拙。

手绘效果图是各种设计专业，比如建筑设计、园林设计、室内设计、景观设计、服装设计、工业设计等专业的一门重要的专业必修课程。前期必须先学会素描、色彩、钢笔画、透视这些基础课程，后期绘图时才不会吃力。

手绘效果图是通过设计师的长期坚持绘画练就出来的功夫，通过画笔来表现出的一个装修效果，手绘效果图需要比较扎实的绘画功底。只有专业功底扎实才能够让自己的设计意图表现得栩栩如生。在手绘效果图时，应该将重点放在造型、色彩和质感的表现上，另外还应注意设计思路、构图布局。通常，很多设计师重电脑效果图表现而轻手绘效果图表现，但往往在现实的谈单中，手绘效果图表现的作用远远大于电脑效果图，这也是设计师一种能力的体现。手绘图能够更直接地帮助设计师同客户沟通。

**签单小贴士**

**一点透视图和两点透视图**

一点透视图也称为“平行透视”，它是一种最基本的透视图做法，当室内空间中的一个主要立面平行于画面，而其他面垂直于画面，并只有一个消失点等透视就是平行透视。相对于两点透视而言，一点透视绘制简单，不需要深入复杂的思考，适用于设计师当着客户的面快速绘制。

两点透视手绘效果图时间较长，一般会达到 2 小时以上，对于定稿的设计方案，设计师可以有选择地绘制 2 ~ 3 张，表现出自身强大的艺术功底，从而获得客户青睐。

效果图是设计师与非专业人员沟通的最好媒介，对决策起到一定的作用。因此，长期以来受到专业设计与教育界的重视，它是设计师艺术地完整表达设计思想的最直接有效的方法，也是判断设计师水准最直接的依据。近些年来随着现代科技的发展，表现效果图运用电脑制作的较多一些，但从艺术效果上看，远远不如手绘效果图生动。

# 第17课 熟练操作设计软件

核心概念：施工图、效果图

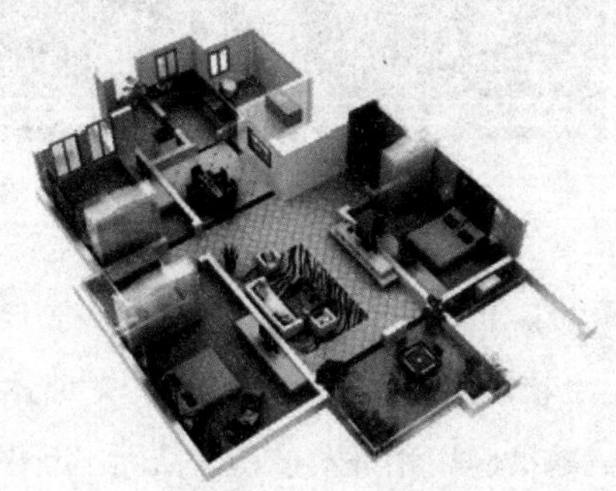

熟练使用制图软件是设计师的专业技能之一，“会看、会画、会签”才是一位优秀的设计师，对于设计师来说，这三者缺一不可。设计师要懂得基本的看图与制图，才能在与客户谈单中游刃有余，立于不败之地。

## 17.1 施工图软件

AutoCAD 是一款辅助绘图软件，可绘制二维图形、三维图形、标注尺寸、渲染及打印输出等；被广泛地应用于测绘、土木、建筑、机械、电子等多个领域。是目前整个装修行业常用的制图软件。

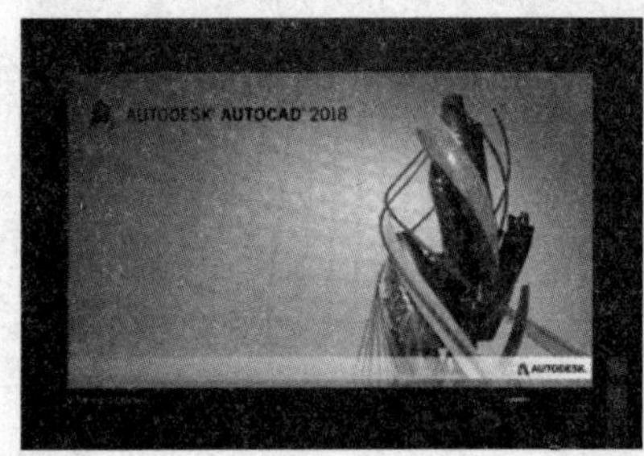


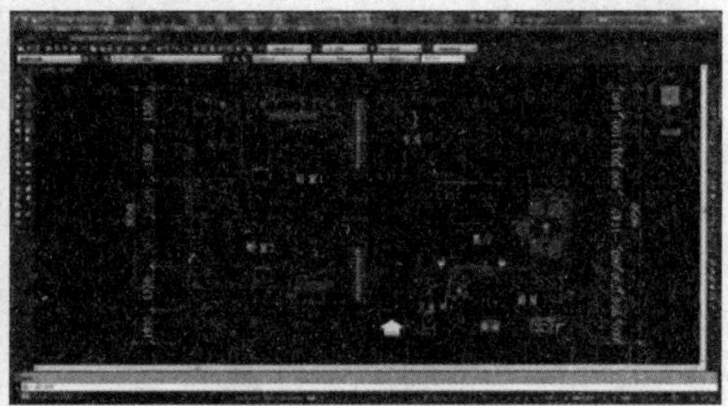

AutoCAD 具有良好的用户界面，通过交互菜单或命令行方式便可以进行各种操作。它的多文档设计环境，让非计算机专业人员也能很快地学会使用。在不断实践的过程中更好地掌握它的各种应用和开发技巧，从而不断提高工作效率。

## 17.2 效果图软件

3ds max 是三维动画渲染和制作软件，其制作流程十分简洁高效，可以很快上手。只要操作思路清晰，上手是非常容易的，后续的高版本中操作性也十分简便，操作的优化更有利于初学者学习。广泛应用于广告、影视、工业设计、建筑设计、多媒体制作、游戏、辅助教学以及工程可视化等领域。拥有强大功能的 3ds max 被广泛地应用于电视及娱乐业中，比如片头动画和视频游戏的制作。也可以用于制作室内设计效果图，例如家具模型的制作、客厅模型的制作、餐厅模型的制作、卧室模型的制作、室内设计效果图的制作等。

3ds max 制作的效果图与其他同类型软件制作的效果图相比较，场景更加逼真，视觉效果更好，但是从工作效率来说，圆方、酷家乐、草图大师等软件制作效果图的时间更短，效果也不错，操作简单，上手速度快。

3ds max 软件操作相对复杂，但是效果图输出的质量特别好，适合更专业的效果图设计师使用，3ds max 制作的效果图在谈单签单中能起到关键性作用。

酷家乐效果图软件操作相对简单，效果图输出的质量一般，但是速度快，容易上手，适合正在谈单中的设计师使用，能快速输出各个空间的效果图，甚至 360° 全景环绕效果图，给人身临其境的感受。

装修设计效果图是设计师与装修客户之间的一座桥梁，它是设计师用来表达设计意图的手段之一，它既是一种语言，又是设计的组成部分。效果图能够更为直观和准确地表现室内空间环境，为装修客户提供一个具体的环境形象，它的绘图质量会影响装修客户对设计方案的决策。毕竟业主没有设计师的专业经验和从业经验，实在很难从平面图纸上看出装修后的效果，而装修效果图能够让业主提前感受到装修后整个家居空间的大体模样，从服务性角度来看，为业主提供效果图是一种增值服务，能看出设计师对这个单子很在意，也反映出设计师对客户的尊重，同时也是公司实力的展现。而一些有想法、有实力的公司甚至会主动提出为客户提供效果图。

在装修设计的接单过程中，装修设计效果图往往是启动装修客户签单的纽带，能够拉近与客户之间的距离。随着三维技术软件的成熟应用，装修设计效果图基本可以与装修实景图媲美。色彩的搭配以及对材质的真实反映都上了一个台阶。不少装修公司会把典型案例的设计效果图放在公司网站供客户浏览，还有的制作成相册，供客户参考。

三维模型还有一个特点就是可以随意地转换角度，看到你想要看到的地方，加上最新的科学技术，带上 VR 眼镜后，仿佛身临其境，让客户感受到这就是自己的房子装修完成后的模样，如此一来，客户感受十分满意后，签单就不是问题了。

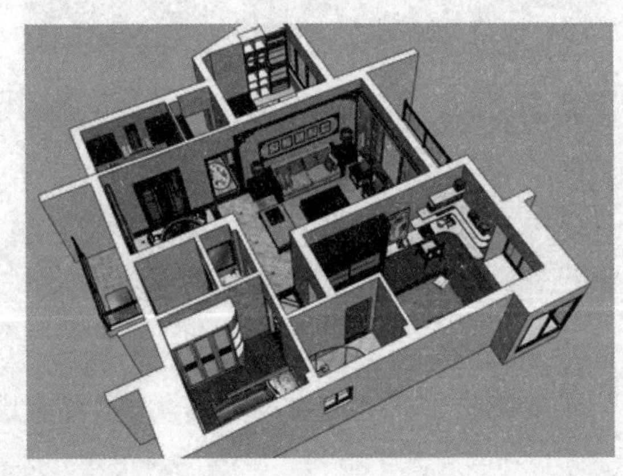

三维模型可以从不同的角度渲染效果图，一个房间可以从多个角度来观察，一般装修公司每个房间会选择最好的角度出一张效果图。

# 第18课 熟悉时尚设计元素

核心概念：设计风格、设计理念、设计特征

作为一名优秀的签单设计师，了解时下装修方式及装修风格，这对设计师来说是有好处的，但家居装修设计的流行风格趋势只是一个概念，并没有一个实际的标准，所以设计师在设计的过程中，可以借鉴时下流行趋势中适合的元素，为客户打造更理想的居室设计方案。

## 18.1 多元素风格设计

在与客户交谈过程中，当客户没有明确指出喜欢哪种风格时，设计师可以提出多种风格，并列出相关图片供客户参考。不同风格中的部分元素可能被客户所青睐，诸多元素中总会有一部分元素被认可。这时，设计师就应当顺藤摸瓜，将这些被客户认可的设计元素不断拓展，引入其他设计元素，最终精确定位于某一种风格。

例如，当客户看上图片中新中式风格的精致装饰与绚丽多样的材质时，这就表明客户很注重设计细节，对生活品质要求较高。设计师可以拿出更多这类风格的图片供客户欣赏、参考，定位准确后再进行设计。

## 18.2 绿色环保设计

绿色环保装修是指从装饰设计到家具使用都能贯彻环保健康的理念，时刻注意装修污染和环保行为，将健康理念彻底贯彻到装修内容中去。在与客户交流过程中，一定要将绿色环保的两个概念详细告知客户。

**（1）原料循环利用环保**

生产原料环保是指采用废旧原料回收后进行生产的装修材料，这种环保是相对于整个产业结构而言的环保。例如，利用回收塑料，注入各种添加剂制作出的装饰墙板，虽然价格低廉，但是原料属于回收产品，本身具有污染，再加上添加剂就更是雪上加霜了。所以要告知客户，不要被这种材料的宣传所迷惑，这种材料的环保理念不是针对终端消费者的，所以尽量不要选用。

**（2）生产工艺环保**

生产工艺环保是指在材料生产与装修后期加工中注重环保工艺，不仅不添加额外胶黏剂，而且还让材料自身的污染源加快释放，保证正常且安全使用。例如，定向刨花板（欧松板）用于家具柜体制作，外露木材材质，具有典型的北欧风格。在制作过程中，板材的切割、组装、放置都能进一步挥发板材中胶黏剂气味。可以建议客户在装修中选用这类具有绿色环保设计理念的装饰风格。

## 18.3 多色彩与中性色设计

在装修设计中，绚丽的色彩可以让人心情愉悦，色彩越丰富，就越能产生各种各样的视觉效果，带给客户不同的视觉体验。设计师在与客户交流前期，如果客户没有体现出选用哪种色彩的倾向，可以选择多色彩设计。每个空间选用不同的色彩搭配方式，如卧室、书房、独立办公室等小空间的彩色可以炫丽些，色彩个性化强烈，但是配色简单。将效果图或参考照片给客户看，通过这种方式让客户提出不同意见，从而找到比较准确的色彩倾向，再重新定位修改。为了提高效率，初次设计多色彩方案，可以不用太注重细节，目的在于摸清客户的色彩审美倾向，再作精确设计。在谈单过程中，快速找准客户的色彩倾向，可以采取先多色，后中性的方式来把控，但是不建议一步到位直接拿出中性色，因为中性色是根据浓艳的色彩发展而来的。这两种色彩元素的选用是设计师谈单签单中必不可少的先后流程。

## 18.4 以人为本设计

以人为本中的“人”是指装修最终的使用者，即客户。以人为本的设计核心在于深入询问客户的真实需求。但是精明的客户往往不会多说，因为他们希望看到设计师出彩的一面，以此来启发客户自己头脑中的思维。这在与客户见面交流中，是一个极大的矛盾。一方面是客户不说，另一方面是设计师不敢随意设计。

解决这个问题的关键在于设计师的询问方式。例如，设计师希望得到客户对设计风格的真实倾向，可以预先挑选不同设计风格的装修实景图片，常见 8 ~ 10 种风格即可，每种风格 8 ~ 10 张图片，可以是套图，可以是单图，供客户选择，我们称这种方法为“双 810”选图法。其实，大多数人头脑中的有效印象仅 5 ~ 6 种，这种方法足够了。选定风格后，设计师不仅能迅速推理出客户的真实风格倾向，而且还能比较精确地找出色彩搭配、材料选用、施工工艺、软装陈设等一系列会被客户接受的信息。最后将这些信息融合到设计中就很简单了。

## 18.5 传统工艺与现代设计

在一项设计方案中，为了获得更高的设计品质，设计师应当在设计中注入一些传统工艺，并给客户讲清工艺的悠久历史。但是传统工艺往往都是手工打造，成本高，往往不能被大多数客户接受。于是再引出现代设计元素，选用一些现代工艺制作出的传统造型，这样就能提升设计方案的品质。在谈单时，向客户表明传统工艺的品质与现代设计的价格，并将这两者相融合。这应该是客户最终期望的。

左：传统的藤制家具，经过设计师的悉心设计，保留了传统工艺的技艺优点，又很好地融入现代的家居生活中。
右：传统工艺与现代风格融为一体，展现出简约、大气的时尚美感。

## 18.6 组合家具设计元素

组合设计是现代家具的新潮流，不同柜体组合可以很容易地改变现有的生活空间格局。同时，室内功能空间合理划分是现代装修的基本要求。为了获得合理的起居空间，通常需要对原有建筑形态进行一些改造。

设计师在设计组合化家具时消耗大量精力，在谈单时可以预先征求客户的意见，看是否需要这种设计。大多数客户是愿意体验的，但是这类设计的最终施工成本较高，至少是普通家具、构造的两倍以上。关于这一点也要先向客户表明，确定需要再进行设计。在有限的空间内利用组合式设计，充分利用隐蔽空间、巧妙使用细小角落、改变建筑本身的空间布局结构，将收纳空间做到极致，真正地从客户的角度出发设计，这是吸引客户的重要设计元素。

合理利用楼梯下部的低矮空间，将柜体组合成一个整体，可以随时挪动，收纳的空间更大。

复式楼带收纳功能的步梯，能够满足家庭的大部分收纳需要。

# 第 19 课

# 装修成本与报价

**核心概念：成本、预算、计算方式**

一提起预算报价，许多刚进入装修行业的人都是一头雾水，被密密麻麻的数字给弄晕了，本以为越详细的表格应该越清晰，谁知这详细的表格会更令人不知所措。因此，设计师要在工作中不断训练和提高自己的预算与报价能力。

## 19.1 熟悉预算报价

### （1）预算与报价

预算与报价是两个完全不同的概念，从字面上就可以分析得到。预算是指预先计算，装修工程在开始之前所做的价格计算，这种计算方法和所得数据主要根据以往的装修经验而来。不过，现在绝大多数装饰公司给业主提供的都是报价，这其中除了预算还包含利润，如果将利润全盘托出，又怕业主另找其他公司。所以，现在的价格计算只是报价，它主要包括直接费用和间接费用两大部分，并且有严格的计算方法。当然，业主自行选购材料不在预算报价中。

正常规范预算表应含有主材、辅材、人工费项目。另外预算表要有预算说明、工艺说明、材料说明和验收标准。有的含有特殊工艺说明，特殊工艺要注明是否要另外收费。

预算表要求决算总价不能超过预算总价的 5%，超出部分由装修公司自理。这个范围可以根据房主的经济能力，装修打算花费的金额来决定。这一条非常关键，如果最后结算价格过高，那预算表就失去了意义。而且要注意多算、错算、漏算都是装修公司的责任，如果因此超标，那应该由装修公司负全责。

### （2）直接费用

直接费用是指在装修工程中直接消耗在施工上的费用，主要包括人工费、材料费、机械费以及其他费用，一般根据设计图纸将全部工程量（平方米、米和项）乘以该工程的各项单价而得出。其中，人工费是指工人的基本工资，需要满足施工员的日常生活和劳务支出；材料费是指购买各种装饰材料成品、半成品及配套用品的费用；机械费是指机械器具的使用、折旧、运输、维修等费用；其他费用则根据具体情况而定，例如，高层建筑的电梯使用费，增加的劳务费等。这些费用将实实在在地用到装饰工程中。

以铺贴卫生间墙面瓷砖为例，先根据设计图纸计算出卫生间墙面需要铺贴 18.6 平方米墙面砖，铺贴价格为 74 元 / 平方米，这其中就包括人工费 50 元 / 平方米，材料费（胶黏剂）16 元 / 平方米，机械费及其他费用 8 元 / 平方米。但是瓷砖由业主购买，不在此列。这样的计算方法为 70 元 / 平方米 ×18.6 平方米 =1302 元，即铺贴卫生间瓷砖的费用为 1302 元。

直接费用的后面是材料工艺与说明，一般会详细标明施工项目的施工工艺、制作规格、材料名称及品牌等信息，文字表述越详细越好。

### （3）间接费用

间接费是在装饰工程中组织设计施工而间接产生的费用，主要包括管理费、计划利润、税金等，这部分费用是装修公司为组织人员和运输材料而付出的，不可替代。

① 管理费。是指用于组织和管理施工行为的费用，包括装饰公司的日常开销、经营成本、项目负责人员工资、工作人员工资、设计人员工资、辅助人员工资等，目前管理费收费标准按不同装饰公司的资质等级来设定，一般为直接费用的 5% ~ 10%。

② 计划利润。是装饰公司作为商业运营单位的一个必然收费项目，为装饰公司以后的经营发展积累资金。尤其是私营企业，获取计划利润是私营业主开设公司的最终目的，一般为直接费用的 5% ~ 8%。

③ 税金。是直接费、管理费、计划利润总和的 3% ~ 4%，具体额度以当地税务机关政策为准，装饰公司有向国家缴纳税款的责任和义务。

严格来说，间接费用应该独立核算，且直接费用中是不能包含间接费用的。但是管理费和计划利润加在一起达到了直接费用的 20% 左右，这使很多业主在心理上不能接受，所以，许多装饰公司将管理费和计划利润融入了直接费用中，直接费中隐含了管理费和计划利润，就演变成报价了，这也是预算与报价的根本区别。至于税金，业主不开发票就不收税金，一旦出现工程质量问题，业主也很难维权，如果业主待竣工时要求开发票，则装饰公司会增收 5% 的费用，这也高于国家法定的税金标准。

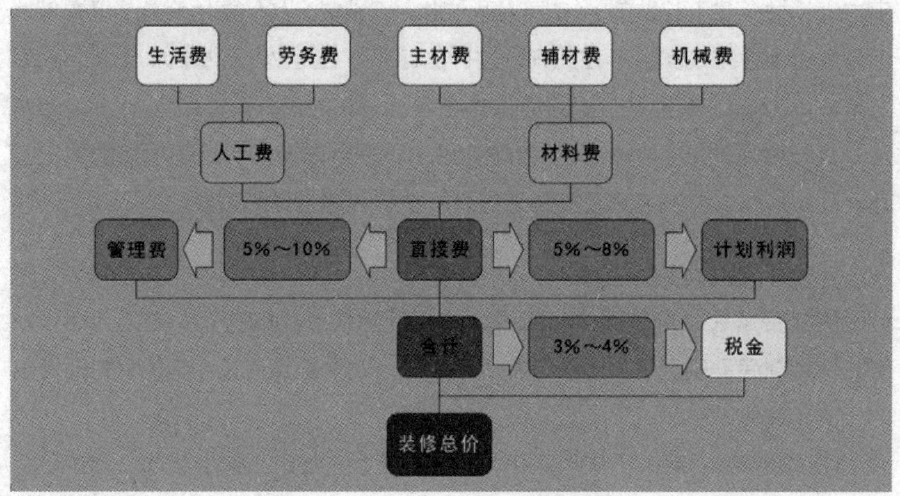


设计师要熟记装修中各种费用的名目，以备在谈单中回答客户的提问。

## 19.2 预算计算方法

首先，计算出直接费用，即所需的人工费、材料费、机械费、其他费用之和。

完整的装修预算计价方法：

管理费 = 直接费用 ×（5% ~ 10%）

计划利润 = 直接费用 ×（5% ~ 8%）

合计 = 直接费用 + 管理费 + 计划利润

税金＝合计 ×（3％～4％）。

总价＝合计＋税金

总之，决定预算报价高低的因素有装修材料的规格档位、装修设计使用功能、施工队伍的水平、施工条件好坏和远近、施工工艺的难易程度等。装饰公司的预算报价需要注意装修的工程量，查看有没有虚高或不准的数据，工程量大的项目，如墙面乳胶漆、瓷砖铺贴、衣柜制作等，设计师需多计算几遍。

需要注意的是，签订合同时，报价单各项费用累计必须准确，报价单总金额与合同总金额必须一致；报价级别必须准确；报价单上的客户姓名、开竣工日期、联系电话、工程地址必须与合同一致，详细，工整。报价中多项、漏项和工程量增减量相加不得超过合同总金额的 5％。补充报价中特殊的把握不准的项目必须请示工程管理部。

大多数企业进行成本核算都是为了可以得到更高的收益，所以，在进行核算之前需要先进行预算，确定了预算在合理区间之内，方可按计划进行下一步操作，只有这样才可以保证装饰工程费用的合理性，才能实现成本最小化的目的。

至于成本核算，一般是在装修完毕后进行，前期施工时，一般配有“装修工程项目成本核算表”，表格中包括各项人工费、材料费等，方便后期核算。在核算过程中一定要准确到位，需要注意的有三个方面。首先是有无额外增加项目和额外款项；其次，与合同上的价格进行对比；最后，核算装修面积。

装修都是按实用面积计算，而非建筑面积，核算时应检测装修公司采用的是建筑面积还是装修面积。

施工方拿到完善且科学详细的设计图纸之后，所有的项目负责人和参与方应该依照要求编制工程计划书，从而方便选择最优施工方案，根据实际施工需求安排人员。预算人员完成了总体的工程预算和材料分析之后，以之前的工程计划书为标准，编制任务清单，经过项目负责人的审核、批准、签字之后，交由各个参与装饰工程的负责人。

材料员依照材料表和汇总单以及任务单对相应材料进行采购，保证施工中

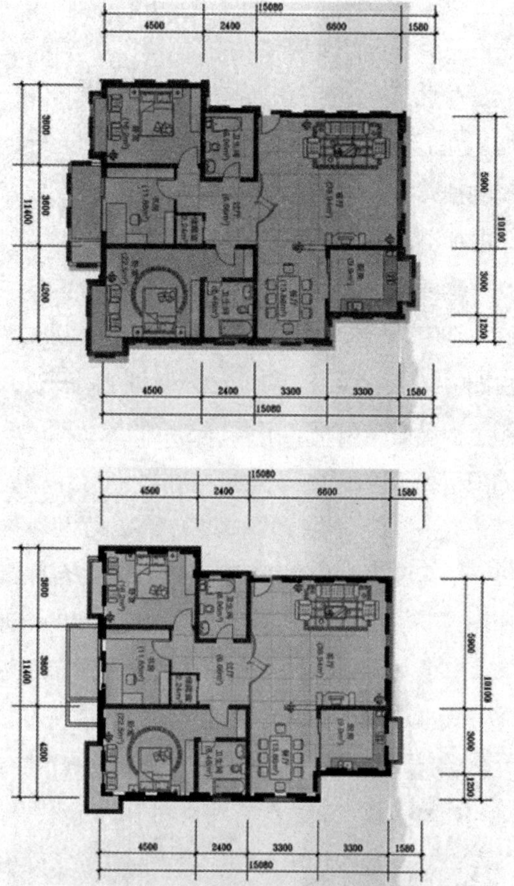


建筑面积是整个房子的外部面积的总和，是从外墙的部分开始计算的，此种方法计算装修面积不合理。

实用面积是室内装饰的面积，也是设计师对房屋内部的面积进行设计的面积，而装修主要是对室内的面积进行装饰。

材料的供应，要注意的是，材料的采购价应该按照出厂价处理。数量核对无误并办理好相关手续之后方可进库，保管员则需依照任务单依次领取材料。工程的施工应该按照任务单上的要求进行，包括清理工作，任务结束之后也需要经过检查、签字后方可记录。

# 第20课
## 论签单精神的重要性

**核心概念：吃苦精神、抗压能力、自我修养**

同在一家装修公司，公司里有谈单签单大神，也有一事无成的菜鸟，有的设计师每天都有业绩，而有的设计师一整月都是零业绩，菜鸟与大神之间到底有什么不同呢？

## 20.1 吃苦耐劳精神

“吃得苦中苦，方为人上人”。装修设计的工作性质要求设计师要具有吃苦耐劳、坚持不懈的韧性。设计师每天需要接待不同的客户，当客户确定了装修方案后又要马不停蹄地赶往施工现场，督促施工人员按时按量地完成装修工程，保证在预定的施工期限内交房。

左：装修方案在谈单中需要设计师不断的优化完善，修改方案是一件十分费心费力的事。
右：装修现场施工需要设计师监工，在尺寸、空间布局以及颜色搭配上实时跟踪，保证装修的质量。

## 20.2 良好的个人素养

设计师具有良好的心理素质，才能够在面对挫折时不抛弃不放弃。设计师所面对的每一个客户有不同的背景、不同的性格，以及不同的处世方法。当设计师受到打击时要能够保持平常心，从失败中总结教训；要多分析客户，不断调整自己的心态，改进工作方法，使自己能够去面对签单中的一切难题。只有这样，才能够克服困难。同时，也不能因一时的顺利而得意忘形，须知“乐极生悲”，只有这样，才能够胜不骄，败不馁。

### （1）社交能力

每一个人都有长处，不要求每一个设计师都八面玲珑、能说会道，但基本的社交礼仪是必备的，培养自己的交际能力，尽可能地多交朋友，这样就有更多的机会。俗话说：“多一个朋友多一条路。”朋友多了路才好走，设计师业绩很大的一部分都是靠亲朋好友介绍而来。另外，朋友也是资源，要知道，拥有资源不会成功，善用资源才会成功。设计师在社交活动中应对领导、同事、合作者表示适当的关心和尊重。注意交往的技巧、方法，并努力给对方留下良好的印象。

### （2）责任感

责任心是一种非常重要的个人品质，也是一名合格设计师所必备的职业素养。一个人的责任心如何，决定着他在工作中的态度，及其工作的好坏和成败。如果一个人没有责任心，即使他有再大的能耐，也不一定能做出好的成绩来。设计师的言行举止代表着公司形象，如果设计师没有责任感，不但会影响自己的个人形象，也会影响公司的形象。一个有责任心的设计师，会处理好自己与客户、客户与公司、个人与公司之间利益的冲突，让客户能够放心地将装修交给设计师。

### （3）知识面

设计师每天要和形形色色的人打交道，不同的客户所关注的话题和内容是不一样的。例如，有的客户比较关注时事，对时下的新话题很感兴趣，如果设计师完全不了解，客户就会觉得很乏味；而有的女客户十分关注时尚新闻，当客户与设计师讨论时尚元素时，设计师要能够发表自己的见解。设计师只有具备很广的知识面，才能与客户有共同话题，才能谈得投机。因此，设计师对各种书籍、时事、流行元素都要有所涉猎，要养成不断学习的习惯。话题一直是设计师与客户之间的纽带，包括设计师对客户提问，要选择客户知道的话题，避免在谈单时给客户难堪。

**签单小贴士**

**谈判力**

设计师无时不在谈判，谈判的过程就是一个说服客户下单的过程，也是寻找双方最佳利益结合点的过程。孙子曰：“知己知彼，百战不殆。”在谈判之前，设计师要搞清楚客户的实际情况，所谓知己知彼，了解对方越多，对设计师越有利，掌握主动的机会就越多。

谈判力的表现不在于设计师能够滔滔不绝地说话，而是能够抓住要点。先满足客户的需求，再考虑自己的需求。在双方都有异议时，就看设计师平时掌握了客户多少信息，掌握的信息越多，就越有可能掌握主动权。谈判力的目的是达到双赢，达到互惠互利。在谈单中，设计师的谈判能力与设计能力是一样的重要，两者缺一不可。

# 第21课
# 如何巧妙化解“还价”

**核心概念：讨价点、原因、化解技巧**

设计师一般不会主动与客户讨论装修的价格，过早谈价，势必会造成价格战。优秀设计师一般至少会在客户询价三次后才谈到价格。那么客户要求打折、给优惠的时候要如何应对呢？这是一个令许多设计师都感到头疼的问题。

## 21.1 讨价还价

首先，客户问设计师价格的时候一定要很自信地回答，如果连设计师自己在心里都觉得这个价格太高，那么设计师在向客户推荐的时候肯定底气不足，这样怎么能说服客户呢？设计师要坚信给出的价格是合理的，之所以给出这个价格是有依据的。任何时候不要低估客户的实力，大多数客户只是习惯地讨价还价，并不是消费不起。但是也有一小部分的客户预算有限，如果实际情况客户真的接受不了设计师所给的价格，那么设计师可以向客户推荐其他更适合客户的装修套餐。而且要告知客户这时候的报价只是一个大概的报价，并不是最终的装修报价。

其次，设计方案的价值，不管设计方案的重点是什么，先要保证它对客户是有价值的，所以设计师在谈单时不要急于给客户报价，报价应在客户很熟悉设计师的装修设计后，或设计师和客户已经到了谈判的最后阶段。最重要还有设计师要事先摸清客户的心理价位，尤其是对装修设计的内心想法。如果设计师能让客户明显地感觉设计师给他提供的装修设计或服务对他是非常有价值的，那么设计师就占据了一个制高点，谈价格的时候就好多了。如果设计师判断客户对装修设计态度一般，这时设计师就要找出客户的需要与设计方案之间的价值连接点，再挖掘新的价值给客户，让他逐渐增加对设计师设计方案的认可度，那么价格制高点就又慢慢回到设计师这里。

最后，与同行企业展开竞争，在价格上要比同行企业低，才能吸引客户，但是又要保证公司利润，真正意义的打折是不存在的，无非是在提高原价的基础上进行打折，最后又回到原价。虽然客户会比较单价，但是不会逐一对比，调整原价仅仅是对某些具有竞争性的项目，如大衣柜、贴瓷砖等。相反，设计师还可以从没有调整价格的项目上还原甚至提高价格，如水电安装、五金件采购等。面对客户提出质疑时，可以指出价格较高的项目品质、品牌不同，且都是不好更换和维修的耐用品。

客户的讨价还价基本分为三个阶段，每个阶段讨价的目的是完全不一样的，其相应的处理方式也自然不同。

### （1）观察期

此时客户说价格高主要有以下几种原因。

① 习惯性。人们在购物时通常会习惯地说“贵”，可能是有意的，也可能是无意的。

② 意外性。这种原因在于客户是没有了解到我们与其他公司之间的特殊之处，其原因是设计师在介绍装修设计时没有突出差异性。

③ 对比性。客户在此之前也可能去了其他装修公司，了解到其他公司的价格要比我们低，所以当设计师报出价格后就在客户的大脑中形成了强烈的对比。

此时，设计师应该从企业文化、品牌优势、企业荣誉、装修设计工艺、原材料等多方面进行详细的阐述与对比，增加自己的设计价值，让客户真正了解我们的品牌与装修设计。这时的客户是比较理性的，所以设计师也必须理性地帮助客户分析与对比。对于中高端装修品牌来讲，一定要把握价格原则，即肯定自己的优势，不随意降价或打折。

### （2）交定金前

在装修行业，客户交定金基本是在第二次或第三次来公司门店的时候（第一次就交定金的概率很小），这时我们肯定是要给客户做出基本预算的。

能够再次来到我们公司说明客户对我们的装修设计已经基本认可了，此时客户最关注的已经不是单价的高与低，而是我们的整体预算与客户自己的预算相差多少，这时客户砍价的原因有以下几种。

① 给出的预算价格高于客户自身的预算，客户希望再给些优惠，以降低价格接近客户自己的预算。

② 试探性讲价，看设计师的报价是不是有水分，尽量压缩水分。

③ 认同设计师的装修设计，但还是感觉给出的预算价格偏高，通过讨价还价达到其他品牌的优惠力度，达到心理平衡。

客户交定金前的砍价还只是签单过程之中的砍价，此时不宜做出过大的让步，要给客户一种我们价格童叟无欺的感觉，因为在最后量完尺定方案时客户基本还要再次砍价，设计师一定要为客户再次砍价留出一定的空间和余地。

当然了，有些品牌的价格是定死的，不容客户砍价，此时我们必须咬住价格，不要给客户我们的价格有可降低空间的感觉。当然这个阶段还要进一步深化品牌和装修设计的优势，通过和其他品牌的对比提升客户拥有的欲望。

### （3）交全款前

交全款前设计师基本已经量完尺寸，根据客户要求已经选好材料、设计风格、家具款式等，并做出了具体的方案设计，此时最重要的是客户确定方案，当方案没有疑议时就要马上要求客户交全款了。

左：首先客户确定好装修的整体风格，设计师根据确定的装修风格进行设计。

右：选择合适的灯具、洁具、家具板材等材料。

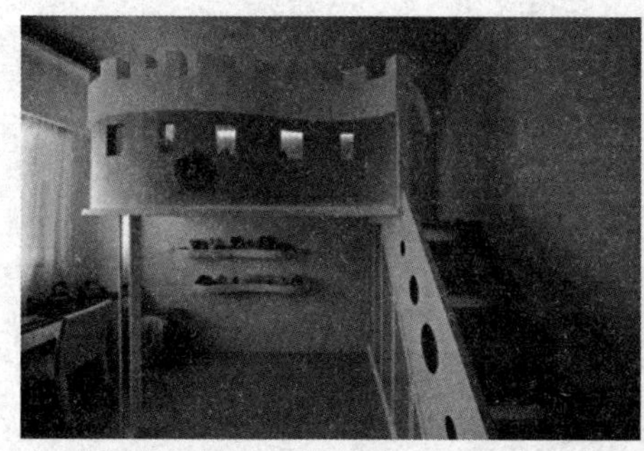

左：根据客户家庭人员的需要进行不同空间的布局设计，凸显房间主人的乐趣。
右：不同空间的布局考验设计师的设计能力，也是说服客户交款的筹码。

## 21.2 化解讲价三大妙招

已经交了定金也确定了装修方案，表明客户对设计师的装修设计已经十分认可，并对价格也没有过多疑虑了，这时的砍价无非就是寻求最终的心理平衡，能省点就省点了。而此时设计师对于客户的这种心理又该怎么办呢？

首先，如果前期已经给了客户优惠，就以前期已给优惠为由，表明已经尽了最大的努力了，现在确实没有办法再优惠了，要让客户感觉自己有些得寸进尺，并让客户感觉到设计师的无奈。其次，强调一个“磨”字，就是心里硬嘴上软，优惠已经没有办法再低了，这时候客户又要求“便宜”，如果很坚定地告诉客户没有折扣，难免会挫伤客户的自尊心，此时要有技巧地回绝客户。例如：“王先生，不是我不想给您再优惠一点，确实我们的价格都是公司统一规定的，今天我少收您一百，那月底就要从我的工资里扣除了，如果每个客户都这样要求，那我这个月工资岂不是要扣没了？”（注意用幽默的语气说出来，让客户感受到设计师的真诚。）

对于那些实在难缠和占便宜心理过强的客户，为了签单必要时设计师就要拿出一定的诚意，即通过申请送些表面价值高的礼品，或适当减些钱，这样既可以迎合部分客户的占便宜心理，又可以迎合部分客户的面子心理。有时候客户要的只是一种优越感，如果亲戚朋友问我们的客户签单有没有优惠，或者有没有赠送礼品，客户在面子上要过得去。

当然，最终确定方案时有些客户会有些特殊的要求，比如方案修改较大，或者定金交付的数额出入较大。此时的定金可能高于客户的心理价位，这些客户会要求设计师便宜一些。此时最好通过前后方案对比或调整方案来说服客户，如果客户不同意修改方案，又一定要坚持优惠，此时可以采用“赠送礼品”的方案。

交全款前的砍价还价是设计师最头疼的，眼看煮熟的鸭子要飞了哪能不急呢？这时候设计师心里可能会出现恐慌而不知所措了，大部分设计师是说服经理给优惠，这时可是真的站在客户的角度了。假设设计师的经理批准了部分折扣，注意，一定要让客户知道设计师并不是经常这么做，而且要让客户知道这个折扣是如何来之不易，设计师本人这么做完全是因为他知道客户是非常想要与本公司签单，而且设计师也希望客户能得到折扣。此外，要严守有关打折的信息，把它们当作宝贝一样锁在保险箱里，否则其他的客户知道能打折会让设计师很为难。

如今装修行业竞争激烈，以至于很多设计师都不得不求助于多样化的促单技巧来维持业绩。同样，不少客户也会为了一件家具的价格和设计师讨价还价。即使上级管理部门批准了客户的打折要求，也不一定能帮助设计师轻松成交。这个时候就要靠设计师自己的口才与签单经验了。下面为设计师介绍三个能有效化解客户讲价的妙招。

**（1）转换思维模式**

利用第一次预算的不确定性扰乱客户的思维，因为第一次预算基本是还没有量尺之前（正常是交完定金才会去量尺）：“现在没有量尺，价格还没有确定怎么便宜呀？您还是先交定金我们做出最终方案再确定价格吧？”

装修预算并不能作为最终的决算，这只是对后期装修金的一个大概的计算结果，如果这时候客户要求打折，不妨先跟客户讨论装修方案，将客户的注意力转移到设计方案上，等到客户对设计师的设计感到满意时，如果客户再来讲价，设计师就有一定的主动权了。讨论装修方案能够将客户注意力转移到设计上，避免客户过多关心方案的价格，要让客户充分体会到这个设计方案的价值。

### （2）对比报价

与客户谈价格之前，一定想方设法了解客户现在正有合作的公司的相关装修设计报价，争取做到知己知彼，这样才能在谈价格时游刃有余，一开始价格可以适当地多报，当然不可漫天要价，一定要结合实际情况及竞争对手的报价，报出合适的、令对方可接受的价格，当然后续的就是设计师与客户关于价格的谈判，只要设计师能谈到双方都能接受的价格就可达成合作意向。

有时候即使报价在客户的心理范围之内，客户也仍然难以接受，此时就要换另外一种价格相对低的设计方案，在客户比较价格的同时，设计师再对比两种装修设计的不同，通过对比尽量让客户接受高价位的装修设计，对比报价让客户知道设计师的报价是最实惠的价位。

左：不同的装修风格、材质与空间布局都会影响到设计师的报价。

右：如果客户一味纠结在报价上，可以将两种不同装修风格、板材材质的装修方案做一份对比报价。

### （3）用事实说话

如果客户有一定的购买能力，且对设计师的装修设计也非常喜欢，这时候设计师就可以咬住价格不放松，既不能太直接地拒绝客户的砍价要求，要给足客户面子，表示公司就是这样规定的，又要打消客户打折的要求，表示自己也无能为力。也可以拿出签单记录，给客户看到其他人也是同样价格。

客户要求打折的行为在装修行业再正常不过，但是折扣是有底线的，当客户一味地要求打折时，设计师要拿出应有的态度，要利用身边一切的有效资源来说服客户。

**签单小贴士**

**抓住心理需求**

设计师要抓住客户在签单过程所表现出来的心理活动，在签单过程中，恰当的心理策略能够帮助设计师快速签单。打折可以吸引更多的新客户，而让利也会让更多的老客户动心，丰富的赠品会增加新客户的数量，利用客户爱占“便宜”的心理，抓住一切可以签单的机会，设计师就离签单高手不远了。

# 第22课 让客户心甘情愿签单

**核心概念：拒绝、提问、招人待见**

## 22.1 客户为什么要拒绝我

“拒绝”对设计师来说可谓是家常便饭，身为设计师遭到客户拒绝怎么办？这时候设计师要想办法让客户多说话，多问一些问题。因为当客户沉默的时候，常常表示设计师不能提起客户的购买兴趣和意愿，所以要让客户多说话，问一些开放式的问题。

什么叫开放式的问题呢？就是要引导客户多谈对设计师的产品、服务的看法，以及他们的需求的话题。只要能够引导客户多说话，那么他们就会很容易把注意力和兴趣放在设计师与设计方案身上。

有些客户表现出来的抗拒，有经验的设计师一听就知道是借口。比如说，“这个报价太贵了，我看到楼下的那一家就没有你们家贵，用的还都是大品牌”等，碰到这种借口型抗拒的时候，设计师需要做的就是先不要理会他这种借口型抗拒，因为这些借口根本不是他不跟设计师签约的主要原因，何必去理会呢？当然还是要去处理，只是要用忽略的方式去处理。比如，“张先生，我想你所提到的这些问题是非常重要的，所以设计师待会儿可以专门来讨论一下你认为的价钱方面的问题。在设计师讨论价钱问题之前，我想先花几分钟来介绍一下设计师产品的优点。”同时顺势再去介绍公司的产品、服务以及优势。

## 22.2 谈单的正确打开方式

### （1）设身处地为客户

“死缠烂打求客户买”说白了是为了一己私利。但是签单就是不能只为一己私利的。设计师一定要以“签单为客户”为谈单签单的准则。

“签单为自己”的主动权在客户手里。设计师只有低三下四地“求客户买”，不想低头也得低头。与之相对的，“签单为客户”主动权在设计师手里。设计师可以满怀自信地提出建议，甚至客户还会主动表示感谢："谢谢设计师卖给我这么好的东西！""签单为客户"和"签单为自己"，二者的不同，明眼人一看便知。

| 签单的出发点 | |
|---|---|
| 签单为自己 | 签单为客户 |
| 只想拿提成 | 为对方着想 |
| 态度消极 | 态度积极 |
| 没有主导权 | 掌握主导权 |
| 弱势 | 强势 |
| 被动 | 具有能动性 |
| 不自信 | 充满自信 |
| 对方控制节奏 | 掌握整场节奏 |

### （2）良好地解答客户的提问

客户常常会向设计师提出一些问题，会问很多设计师想到的或是想不到的问题。每当客户向设计师提出问题来的时候，事实上是客户在对设计师及其设计方案感兴趣的时候。如果客户对设计师的产品不提任何的问题，表示他对设计师的产品可能不感兴趣。

有时候客户会对设计师的设计和服务、公司甚至个人提出一些负面的评判。他会批评装修的质量，可能还会对装修的报价表示抗拒。碰到批评型客户的时候，设计师需要做的第一件事就是去理解他、尊重他。在处理批评型抗拒的时候，设计师可以用问题来反问他。因为，很多的抗拒根本不是客户真正的抗拒。设计师用反问法可以确认他的抗拒是真的还是假的。设计师可以问："李女士，请问价钱 / 质量是您考虑的唯一因素吗？"或者说："王小姐，如果质量能够让您满意，请问您在其他方面还有没有问题？”也可以问客户：“王小姐，一分价钱一分货，当您正在考虑价格问题的同时，也要考虑质量和服务也是非常重要的，质量太差的装修想必也不入您的眼，您说是吗？”

设计师要用问题来反问客户，以此转移他的注意力。如果转移了注意力，客户不再提这个问题，就证明他是习惯性抗拒。如果在后期客户又一次提出相同的问题，那么设计师可能就要去作进一步的处理了。

如果客户对于设计师本人不太满意，设计师会感觉到跟客户间的相处氛围不太对劲。这可能是设计师把注意力放在客户身上的时间太少了。这时候应该少说话，多发问，多请教，让客户多谈一谈他的想法。

### （3）做一个“招人待见”的设计师

有时候设计师被客户拒绝很有可能是自身的原因。言谈举止和穿衣打扮是给人留下的第一印象，第一印象的好坏直接影响后面的沟通。每个设计师应该心里有数，如果在外观、言谈、态度等第一印象上引起客户的不快，就会轻易遭到拒绝，还没开始展开沟通就已经被刷掉了。

既然如此，要怎样去突破洽谈环节呢？想避免被客户拒绝，就要做个“招人待见”的设计师。客户拒绝推销绝大多数时候都不是出于“装修产品如何如何”，而是因设计师令人生厌，所以设计师必须给人以良好的第一印象，不能让人家觉得不舒服。

不论在工作上还是私人生活当中，设计师都要把交谈的对方当作自己的一面镜子。带着热忱和礼貌面对客户，就会得到客户的信任。反过来，如果设计师表现得平庸无奇，也可能会被客户随随便便打发走。与人打交道是签单工作中的基本环节，只要设计师与人相处得有技巧，并切实站在客户的角度，为他们解决家装实际问题，就可以成为货真价实的签单高手。

# 第23课

## 搞不定客户怎么办

**核心概念：个性、技能、移交客户**

一直在谈的客户，但是到最后却怎么都签不了单，这种情况相信很多设计师都遇到过。发生这种情况最常见的原因是设计师的个性冲突和专业技术知识的缺乏，或缺少基本成交能力。

## 23.1 个性冲突

设计师个性冲突的问题可以理解。俗话说：“人无完人”，不能指望能得到所有人的喜欢。如果某位客户表示出不喜欢某位设计师，这并不能说明这位设计师的能力有限或者缺乏谈单意识。也许是因为某些极其荒唐可笑的原因。

例如，设计师头发的颜色，刚好是客户最不喜欢的颜色；或是设计师的穿衣打扮让客户觉得不放心；抑或是设计师的外观让客户感到了不安（设计师的冰山脸）；有些客户的古怪想法也会让一些设计师根本无从入手。个性或形象的冲突一直都在发生，对于这个世界上某些最优秀的设计师来说也是如此，人不能期待所有人都喜欢自己，也做不到让所有人满意，设计师亦如此。

**签单小贴士**

**注重日常形象**

设计师在日常生活中要注重自己的穿衣打扮及面部护理，干净优雅的打扮让人觉得温暖富有朝气，相信没有人愿意与邋邋遢遢的人打交道。作为一名优秀的设计师，外出跑单时避免不了风吹日晒，保持面部干净整洁，是对客户的尊重，也是对自我魅力的提升。

因此，当这些情况发生时，设计师应该很明智地将谈单移交给另一位设计师，毕竟谈单成功才是这一场谈话中的重点，至于客户跟谁谈，这个时候显得不那么重要了。

## 23.2　专业技能不足

有些设计师对设计方案中的某种材质或结构构成缺乏基本知识或专业技术知识。例如当客户问到在客厅装地砖还是木地板时，设计师没能考虑到在设计方案中客户要求增加了地暖，并且因为自己也不知道到底哪种好，还误帮客户选择了普通木地板。而在为铺设了地暖的房间选用地板时，最好是选用地热地板，这是根据地热采暖方式的特殊性来决定的，普通地板遇热产生变形、鼓空等现象，后期维修会比较麻烦。装修是一门硬技术，在选材和结构设计上不过关，客户入住后各种问题接踵而来，客户住得不开心会直接影响公司的口碑。

在这种情况下，为了公司的利益和客户的需求，设计师需要移交其他设计师，给客户一个与店里的其他设计师交谈的机会，或许这位设计师能更好地为客户服务。不过，在设计师移交销售之前，应该让客户抱有谈单的热情，这样做能为帮忙的设计师施展身手留出余地。

当设计师个人无法促成交易时，移交谈单高手从某种角度来讲是为设计师提供解决问题的方案。让另一位拥有更好成交机会的设计师接手谈单工作，设计师就能实现让客户和公司获得双赢。客户赢了，因为他的装修需求刚好得到了满足；公司也赢了，因为它实现了公司品牌知名度与利益的提升。

## 23.3 移交签单大神

当设计师感觉依靠自己的能力、知识与谈话技巧无法与客户谈论下去，但是客户对签单的兴趣很浓厚时，可以请公司的谈单高手过来帮忙，但是如何在移交的过程中不让客户感到尴尬不自在呢?

在设计师准备移交客户时，需要注意的一点就是要把客户托付给一位谈单能力强的签单高手，否则这次的谈单可能会面临失败的下场。同时，设计师要把客户的兴趣和需求装在心里,以便能够随时随地将有效信息转交给签单高手，避免移交后再次询问让客户感到厌烦，同时也可以在谈单中节省很多时间，毕竟客户过来一次都不容易，要抓住每一次机会。

在移交客户的时候还需要注意以下三个方面的问题，这样做的目的是为了让客户放心地与新的设计师沟通。

首先设计师要向客户解释，将请其他人参与到谈话中，这个人能更好地回答有关装修与设计的问题。移交很重要的一点是让客户感觉设计师把他托付给了一个专业人士，而不是设计师主动放弃他了。

其次，不管设计师在何时移交客户，最重要的是要让客户感到移交会帮助客户正确地选择适合自己的装修设计，而不是受设计师任意摆布，要先与客户讲清楚，消除客户内心的疑问，这种方式能让客户感觉更加放心。

最后，一旦移交客户完成，马上退出与客户之间的谈话，毕竟客户同时面对多个设计师也会有压力，表现为在谈话时显得小心翼翼，生怕自己一个不留神就忽视了装修中的重点，而两个人之间的谈话更像是朋友间的闲聊，能让客户放松心情。

# 第24课

# 签单业绩才是王道

**核心概念：托词、谈单空隙**

在谈单签单的过程中，因为客户不是专业的设计装修人员，在材料选择、家居风格、色彩搭配、装修价格等方面存有许多的疑虑，客户的疑虑越多，签单的过程越是曲折。对于一名谈单签单高手来说，如何处理好客户在签单过程中的疑虑是首要问题，消除了这些疑虑，客户才能心甘情愿签合同。

## 24.1 有业绩才有底气

众所周知，设计师的收入主要靠业绩来实现，签单业绩不仅对设计师来说很重要，对整个公司来说也是至关重要的，他支撑着整个公司的正常运作。没有签单业绩就没有效益，没有效益企业就无法生存。对于大型装修企业来说，业绩的重要性，就更不言而喻了，不管是设计师的生存还是企业的发展，都需要业绩来支撑。

**（1）谈单不留间隙**

客户会抵抗很可能是因为设计师给了客户抵抗的空隙和机会。或许是在给客户看方案时，客户埋头思考，设计师努力陪坐；也或许是在客户提出问题设计师没有给予及时回答，这些都可能成为客户对我们产生不满意情绪的空隙。所以，作为一名优秀的签单人员，我们要保证在自己的话告一段落时绝不留空隙，这样可以一定程度降低客户产生抵抗的概率。

光这样还不够，很可能我们刚见到客户，客户就开始抵抗了。为什么有的人不由分说，还没听人讲话就想拒绝呢？这是因为客户十有八九想尽快把设计师赶走，产生这种心理是由于像我们之前讲过的，客户可能有过不好的“被销售”经历，从而导致客户一见到设计师，从心里就开始了拒绝。

**（2）阐述干净利索**

对于前面讲述的那种刚见到设计师就抵抗的客户，设计师要做的就是直接简明扼要地阐述自己的目的：“那我尽量不耽误您工夫，您且听一下，首先呢……”因为客户说要出门是撒谎，所以客户最后都会老老实实听下去，不会继续做出抵抗。

但如果对方确实很忙的话，我们就不要多说“那我下次再来”之类的废话，留下好印象就走人才是上策。大概等过几天后，我们就可以再次登门了。对方之后会想，这人今天还特地又来了一次，上次自己是不是做得太过分了。

## 24.2 化解客户的“托词”

在与客户的交流中，相当一部分客户会以托词来抵抗，这点让很多设计师觉得棘手，无力处理。不管我们多么招人喜欢，多么青春洋溢有干劲，如果我们无法应对抵抗，就不能顺利签单。而反过来说，哪怕我们在与客户的谈话中磕磕绊绊，但是只要逐一化解了客户的抵抗，就一定能拿下合同。

### （1）我有熟人

首先，装修行业的参与人员众多，设计师、谈单员、装修师傅等，以及其他的工作人员，每个家庭都有认识的装修熟人也不足为怪，毕竟装修行业涉及的范围广、人员众多，但是并不是所有的装修人员都完全懂得“装修与设计”，大多数人只是对其中的某一个工种比较熟悉。其次，相对于和熟人做生意，很多人表示并不愿意去找熟人，一是与熟人合作抹不开面子，收费标准无法做到双方满意；二是“金钱易还，人情难还”，在装修交流中难免会有所争论，影响双方感情。

客户说有熟人可以算是比较俗套的托词了。很少有人真的想从所谓的熟人那里做装修。想要折扣说不出口，钱给少了熟人不开心，万一没有拿到折扣，还不如其他装修公司的优惠多。如果我们见招拆招做得好，就会发现很多时候其实客户自己都记不住自己找了什么借口。

### （2）我再考虑考虑

在思考“到底要不要签”的时候，客户常会表示需要考虑考虑，怎么也没法痛下决心。这个时候，就要由设计师来主动为客户把判断标准整理清晰，在客户背后帮忙推一把。是有好还是没有好？是早有好还是晚有好？客户肯定会觉得有而且早有比较好。所以我们要大力协助客户，让客户能够下定决心。这就是我们设计师的使命所在。

# 第25课
# 提升签单率的诀窍

核心概念：扫楼、电销、面销、网销

每天都有不同的家庭在做装修作业，我国的装修市场的需求人群众多，如何将众多的业主成为设计师的客户，这个问题是许多设计师迫切需要解决的问题。只有不断地谈单签单，才能提升设计师的名望与经验，创造出更多的签单机会。

## 25.1 电销（电话销售）技巧

电话销售是近几年装修行业被广为应用的销售方式，但是也是最考验设计师的销售模式。很多人接陌生电话以及骚扰电话接到手软，如何让自己在众多推销电话中不被挂断，成功地预约到客户呢？

电话销售不是单纯打电话推销，它只不过是见面签单的预约。正题应该等到见面再详谈，在实际签单当中，最容易被拒绝的不是上门签单，而是电话预售。哪怕是再没主见的人，只要隔着电话，看不见对方，也能果断做出拒绝。怎样去思考，怎样去组织语言，才能既避免时间的浪费，又能顺利地预约成功呢？

不管对方是什么人、说的什么话，都应该做到一一击破对方的心理防线。电话预约也应如此。有的人想每家电话都乱打一气，这是胡乱撞大运，是大错特错的做法。这样就算偶尔有客户肯来，也只是一时走运，而不能归功于自己的电销技巧。

如果设计师非要在电话预约的环节将设计项目情况、价钱等全都详细介绍，并在电话里硬要客户下单，最终结果只有失败。很多人不明白这样的电话预约有什么意义，觉得花了大把时间仔仔细细介绍，结果却是零。设计师当这是在谈单只是错觉。

电话预约只是见面谈单的手段，面对面谈单才是电销的最终环节，电话里寥寥几句也讲不清楚装修的细节问题，设计师要在见了面之后才发挥本领。尽可能使对方有购买的意向，让对方无力回绝。签单的重点在于如何与客户进行有效地洽谈。搞好洽谈，就可以让设计师的业绩两倍三倍地增长。搞好洽谈，设计师就能把商谈进行到最后，并完成其中相当一部分签单。

## 25.2 扫楼

扫楼是装修行业中各大公司设计师都会使用的方法，能够与业主面对面地沟通。大多数设计师面对对讲门，还没来得及进行自我介绍就会被拒绝；少数精英设计师，也得花不少时间让对方先开门。刚自报家门就被赶走的设计师，都有一个共同点，那就是说话好似念白，脸上表情僵硬，说话没有感情，客户立刻就知道这是推销人员。设计师一张嘴业主就听得出来，设计师在毫无感情地冷脸念白。所以哪怕对方不在面前，设计师也要像面对面讲话一样，面带微笑，饱含热情，只有这样才能让设计师的话富有感情，从而让客户产生一种与对一般设计师不同的好感。

**（1）准备工作**

花一天时间事先对要扫的地区做个大概了解，不要进到写字楼里连门在哪都找不到。准备好资料，一次不要带太多，根本发不完，容易引起误会不说，背着也累，影响效率。穿着也要符合你要去扫楼地点的风格。

**（2）与物业人员搞好关系**

跟保安搞好关系，准备点小礼品。当然你也可以伪装成在写字楼里上班的人混进去，不过现在的写字楼都有监控，被抓到了，虽然他不敢把你如何，不过也挺尴尬的，所以最好和保安先搞好关系，关系搞好了他们有时候也能提供点情报。

## 25.3 网站

随着电商的兴起，线上销售的规模开始日益庞大，线上销售量不容小觑。每年的“双十一”“双十二”的促销模式，带动了装修行业的营业额。

传统网站仅仅是一个承载媒体，要在网站表面设计制作更多平台链接，如淘宝、抖音、今日头条、微信等，这样才能获得更多关注。以最传统的微信公众号为例，公众号就是一个网站的外部链接平台，具有强大的关注、推广力度。当潜在客户希望获取更多有效信息时，顺着微信公众号就能进入装修公司的正式网站，这种推广模式被广泛应用，打破了传统网站只被电脑上网用户浏览的局限。

现代网站研发、制作、推广都已模式化，任何企业都可以采用，网站推广运营成本低廉，推广力度大，是装饰装修公司常用的宣传媒介。

**签单小贴士**

**微信营销**

微信营销是伴随着微信的推广而兴起的一种网络营销方式，不少装修公司会将自己公司的公众号在微信上推广，获得客户的点击率，得到更多的关注。目前装修公司在微信上的销售成交额也是相当可观，偶尔给意向客户推送公司公众号当促销活动，以及将公司的促销活动现场照片发送朋友圈，让更多的客户了解到装修的知识，这也是一种营销手段。

# 第 26 课
# 新客户哪里找

**核心概念：客户渠道、客户挖掘、存储客户**

## 26.1 新交房小区

做家装业务，有时最困难的问题就是不知哪里有客户，而新交房小区在交房期间，每天都会有大量的客户，所以设计师一定要抓住小区交房这个机会。首先要准确地知道时间和地点，不要错过。其次要提前做好业务准备，与物业公司建立良好关系，防止其他公司垄断市场。

**（1）准备宣传资料**

准备相关资料，包括宣传资料、小区的户型解读、小区部分户型设计方案。为了达到最好的宣传效果，公司应该提前派人前去量房，将所有户型都量出来，做出详细的解读，并针对每一套户型，做出相应的预算方案，最好是以小区套餐形式，推出几种基本的家装套餐；也可以提前设计好几种户型的方案，将这些资料组合成一本《业务讲解图册》，在小区活动的设计师人手一本。

**（2）样板间工程展示**

要想小区业务做得比别人好，一定要提前做好各项准备，做得越细致，后期联系业务就越轻松。为了配合设计师在小区开展工作，公司应该集中所有人力，想尽办法在小区交房以前，签下一个或两个单，价格低一些也没有关系，因为这是样板间工程，有了样板间在小区做业务的说服力就大了，可以在其他公司还在量房的时候，直接邀请客户去参观样板间的装修风格、工程质量。

**（3）学会“存客户”**

在新小区交房期间，装修公司应该派出多名设计师互相协助，让客户的等待时间缩短。同时，争取接触到更多的客户。有时会出现这样一种情况，就是交房期间客户由于忙于验收，可能没有时间来考虑装修的问题，那设计师就要想尽办法，多记录客户的电话，因为一旦过了交房期，业主就不会再这么集中来小区了，所以趁交房期间多记些电话号码，然后再慢慢地与客户保持联系。“客户多时，要想办法将客户储存起来”，等到客户少时再重新联系客户。

### （4）样板间的“左邻右舍”

设计师在公司开工工地的楼上楼下、左邻右舍做小区业务的时候，可以利用公司已经开工的工地，开发客户资源。

主要方法就是以公司新开工工地为中心，经常性地到开工工地的楼上楼下、左邻右舍或附近单元楼栋去寻找客户。一旦发现客户以后，就可以领着他们到施工工地去参观。大部分客户为稳妥起见，都会主动去左邻右舍参观学习。设计师抓住这个机会，这些人成为潜在客户的概率比较大。一旦客户参观完施工工地以后，可以领他们再去看看其他的工地或样板间，并带领客户上公司参观。实践证明，抓左邻右舍是很好的业务渠道，成功率也较高。

### （5）尾盘小区

装修尾盘小区是很多谈单设计师忽略的地方，大家都把时间和精力放到新小区了，去面对新小区残酷的竞争，却不知选择竞争很少的尾盘小区。尾盘小区相对于新小区来说，由于设计师去的次数多了，与小区业主、物业人员都相识，特别是遇到装修过的客户，还能请客户帮忙介绍新客户。跑业务，不能三心二意，只要静下心来，稳稳地建立自己的人际关系，不愁没有家装客户。

## 26.2　通过老客户挖掘新客户

很多设计师都知道，开发新客户的成本是维护老客户的五倍。在大客户销售中，与客户实现首次合作后，如何顺利地实现再次销售，实现签单的持续性呢？这是许多装修设计师都关心的问题。商道即人道，在销售中我们不仅要在商言商，还要在商言人，全方位地巩固和加强客户关系，才能让设计师坐上签单高手的位置。

谈单设计师可以利用自己的亲朋好友，也可以利用老客户资源，通过这些人际关系来获取准家装客户信息。这种找客户方法的优点是推荐的客户价值较高，且签单成功率较高，缺点是朋友推荐的客户资源有限。因此，要求设计师积极建立各种人际关系，扩大影响力。

客户转介绍，也就是口碑传播。首先是客户对设计师的服务或者设计方案非常满意，然后，他们会向自己的亲戚朋友介绍设计师的产品或者服务。由于是熟人介绍，他们彼此比较信任。这样，设计师的客户群就会变得更大了，设计师的业绩就会更好。当设计师的业绩积累到一定的高度，认识设计师的客户就会更多，打下了良好的口碑基础后，签单量就更多了。客户转介绍是客户开拓的主要方法，具有耗时少、成功率高、成本低等优点，是设计师常用的优质客户扩展手段，是相对容易的销售方式。

随着设计师服务的客户越来越多地变成老客户，通过这个关系，每年就可以发展更多的新客户资源。随着自己客户量的增加，老客户推荐新客户的人数也会增长。

**签单小贴士**

**如何让客户帮忙介绍新客户**

1. 经常主动联络客户是必不可少的，感情都是日积月累聊出来的，在联系的过程中让老客户感觉到被尊重，同时让客户记住公司，并与设计师成为朋友。

2. 赠送生日、节假日礼物，在客户生日的时候送上鲜花与贺卡，给客户在合作之外的关心。赠送礼物的同时巧妙让客户提供帮助转介绍客户，设计师对客户的暗示相信客户也能明白。所以，前期的客户建档一定要详细，分档也非常关键。

3. 邀请已成交客户参加公司各种活动，如公司的感恩年会、客户联谊会、公司组织的旅游等。还可以定期赠送企业刊物，让客户见证企业的成长，不断增强客户对企业的信赖感，让客户人际圈有业务需求的时候，第一个想到的就是自己。

# 第27课

## 质量好才是真的好

**核心概念：开工交底、装修流程、验收标准**

装修是一项大工程，过程很长细节很多，所以在装修前需要有很多准备工作，装修中也得进行各种工程质量检查等。作为一位签单设计师，对施工工艺必须有一定的了解，才能对客户提出的疑问对答如流。

## 27.1 开工准备

交底是正规装修过程中的一个重要步骤，是设计方向施工方交代图纸，确定图纸可施工性的过程。施工人员、业主、设计师、工长一起对房子的设计进行再次沟通确认，设计师把设计要求告诉施工人员，业主针对自己的生活习惯提出自己的看法，工长、设计师及施工人员也会针对设计及业主的想法进行探讨，找到合适的施工方案，确定具体时间节点、设计内容，这样才能确保日后施工顺利进行。交底彻底可避免后期很多纠纷的出现。

为避免进户的门在施工过程中损坏，装修公司应使用专用门套和保护膜将门、手柄严实地包裹起来。根据设计方案，设计师将向水电施工人员详细介绍强弱电、水管排布图以及每个房间的施工细节。对于现场每个检测过的下水管管口进行封口保护，避免日后施工中灰尘、垃圾掉进去，堵塞管道。

## 27.2 拆改工程

拆除工程是进入到施工阶段的第一件工作，主体拆改最先开始，主要包括拆墙、砌墙、铲墙皮、包暖气、换塑钢窗等，其实，就是先把工地的框架先搭起来，然后再进行装饰工程。

部分业主拿到钥匙后，会选择将全新的塑钢门窗更换成断桥铝门窗。中国大多数商品房的门窗工程单价在 200 ~ 300 元 / 平方米。低成本决定了低品质、低性能和低舒适性。所以不少业主收房后会主动要求更换具有优异的保温能力、强大的隔音能力，以及更高安全性的隔热门窗。

左：将整个房间的格局打通，为后期装饰工程做准备。
右：需要砌墙的地方，先用砖结构砌墙，一定要按照设计尺寸来完成，否则需要修改施工图纸。

## 27.3　水、电气工程

众所周知，水电的装修对于每家每户来说都是至关重要的。因为水电工程质量的好坏，直接影响着业主们今后的生活品质，所以，施工前一定要有电气（强电、弱电）图、给排水设计施工图。

电路的设计一定要详细考虑可能性、可行性、可用性之后再确定。谁也不愿意在新家的墙上地上拉满电线。电路设计同时还应该注意其灵活性，有时候也不能太“周全”了。电路布线时讲求不串线、不重叠，强弱电线不能在同一管道内，会产生干扰。在砖混结构上安装灯具，严禁使用木楔，应用吊钩、螺栓或膨胀螺栓；固定灯具的螺栓或螺钉不应少于两个；灯具不得安装在可燃构件上。

水路设计要事先想好与水有关的所有设备，比如：家庭净水器、热水器、马桶和洗手盆等，它们的位置、安装方式以及是否需要热水都与水路的设计相关。

## 27.4　防水工程

防水工程没做好，自家受损不说，还可能会殃及邻居，邻居找上门就只能

“三赔”——“赔礼、赔钱、赔工夫”。装修防水是一个值得注意的细节，属于装修中的隐蔽工程，卫生间防水是必须考虑的，至于厨房是否需要做防水要根据厨房内水槽、是否放置洗衣机而决定，不论是新房还是老房子装修，卫生间都会做防水处理。

### （1）防水线高度

厨房防水高度可以不用很高，因为没有花洒，墙面防水高度在 400 毫米即可。厨房地漏和直角处注意防水涂层要粉刷均匀，不要遗漏。防水材料一般刷两遍，以确保防水效果。

卫生间如果使用的是淋浴，那么按常规浴室靠淋浴头墙面的防水层高度不得低于 1800 毫米，一般厚度不得小于 1.5 毫米，且防水工程结束后必须要做 24 小时蓄水实验，其他墙面厚度做到 1 毫米就可以。如果卫生间的卫浴是浴缸，那么与浴缸相邻的墙面防水高度比浴缸高出 300 毫米即可。

### （2）防水部位

地漏部位、小水管和楼板衔接部位以及马桶管道等部位，往往是卫生间最容易漏水的地方。在施工的时候，需要重点处理这些部位，一般其他部位刷两次，这些地方需要刷两次以上。此外，渗漏比较多的地方还出现在过门石下面。施工时，在过门石下面一定要事先做一个地带，防水一定要卷到地带之上，这

左：在厨房地面做防水时，水管与地面的接触面要特别重点涂饰。

右：在卫生间做完防水涂饰后，将卫生间注水，24 小时后检查防水效果。

样才能形成一个盆状，形成蓄水、挡水的功能。在做了防水后，需要做闭水实验，以保证防水的效果，可以晚上在卫生间内放足够的水，然后第二天去楼下邻居卫生间查看是否有漏水。

## 27.5　木工工程

在整体的装修设计中，木工装修是非常重要的一环。对此许多消费者只是略知一二，对注意事项也一知半解。木工施工除了测量要精确以外，还要从选材阶段就开始严格把关。选择优良的板材是保证木工装修质量的第一因素。这不但要求对板材的质量进行选择，而且对板材的适用性也要有所要求。

首先，根据板材的使用位置来选择合适的板材，不论是衣柜还是鞋柜，表面的门都必须用同一张板做，以保证花纹、色泽的一致性。木制品加工完后，还应该在外面再刷上一层白胶，这能够有效地避免表面起拱或出现裂缝。

其次，现在绝大部分木工的装修都使用再加工板材，施工时都使用了射钉完成作业，如何处理这些钉眼就成了一个突出的问题。这就要求对腻子的配色要十分严谨，尽量使得配色后的颜色与木纹表面基本上一致，从而掩饰这些钉眼。钉眼的处理，严格上来说是属于油漆工的范畴，但这与木工是相辅相成的。俗语说，“三分姿色，七分打扮”，这句话在木工中也很形象。

## 27.6　油漆工程

### （1）选材

装修油漆涂料的选择是业主们比较头疼的事，由于对油漆等建材不了解，在纷繁复杂的市场上选择油漆涂料是很困难的，所以设计师要掌握一定的油漆选购技巧以应对业主的发问。在油漆涂料选择时首先要看比较大的品牌，毕竟大品牌的产品保障要多一些；其次要注意油漆中是否含有铅、汞等对人体有害的物质；还有需检验油漆是否有刺激性的气味，如果有害物质含量高的话会对居室居住产生诸多的不利。设计师在这方面应该多为业主考虑。

**（2）涂刷**

在油漆的涂刷过程中要注意空气湿度的变化，如果湿度太大，油漆会干得很缓慢，这样不仅影响工程的进度，还会影响装修中油漆涂刷的质量，而空气太过于干燥的话又会让油漆干燥过快，而出现裂纹，那样就得不偿失了。油漆表面出现污斑是很影响美观的，在油漆施工的时候就要多注意这些问题，避免影响整体的美观。施工人员可以在油漆施工开始之前先给要刷漆的部分刷一层含铝粉的底漆，这样在很大程度上可以避免类似问题的出现。

## 27.7 安装工程

随着科技的发展，目前更多客户选择了全屋定制家具，它可以根据房屋主人的意愿进行装饰。作为设计师来说，需要熟知定制家具安装的一系列知识及施工工艺，及时发现及解决相关安装问题。

安装施工需要对物流点的货品进行检查，看检测包装是否完好无损。如果发现有损坏的情况，严重的要拒绝收货。如果是直接运送到业主家中的，一定要求现场安装人员开箱检查包装破损部位的内部家具是否有磕碰，有划伤等运输问题，要根据具体情况做恰当处理。

在安装过程中，设计师要与安装人员、业主积极沟通，一般的板式家具（通常没有任何的造型，纯木板结构）可以自己动手安装，但仅限于一些小件家具，比如小鞋柜，小坐榻等；大件家具、实木家具，或者有非常复杂的造型的家具，如大衣柜，门厅柜等，不适于自己安装。因为一旦安装出现了偏差，可能就需要返厂制作了，其中的人力物力损失都是不可避免的。

安装家具时要注意家中的其他位置的保护，因为家具在装修过程中是最后进场的（不装修的话更要保护家里的物品）。重点保护的对象是：地板（尤其是实木地板）、门套、门、楼梯、墙纸、壁灯等。

左：对柜体的细节检查是设计师必不可少的工作，也是对自己和业主负责的表现。

右：在检查的时候要注意检查一下橱柜滑轮是否推拉正常，水龙头在出水时是否顺畅没有阻塞等情况。

最后，检测安装过程中有没有遗漏安装的层板、拉手、螺丝，例如在衣帽间中，有许多个方向不一的柜门，安装人员装反或者漏装的可能性很大，设计师需要重点检查这些问题。检查柜体的内部结构是否与设计图纸的设计相符合，与整体的家具环境是否存在尺寸偏差。

## 27.8 竣工验收标准

对于设计师来说，竣工验收是一件开心的事，工程结束后，看到业主满脸笑容地住进新家，那种不自主的喜悦，是设计师最开心的时刻，这也是对设计师这几个月工作的肯定。

房子装修工程完成之后，会涉及装修公司竣工验收与业主入住验收。竣工验收的目的是给房屋做一个综合体检，同时让业主对整个房屋装修有一个全面的了解，让客户感到“物有所值，物超所值”，让业主安心入住。

**（1）检查地面**

检查地面平整度，用垂直检测尺对地面的平整度进行检测，用测量尺贴近地面，观察水泡移动的位置以及刻度，一般地砖铺贴表面平整度误差为 5 毫米，而地板的平整度误差为 3 毫米。如果地面的平整度有明显的误差，极有可能是房屋本身的结构出现问题，或者是在装修的过程中处理地面时没有做好造成的失误。用小铁棒敲击地砖表面，通过敲击的响声判断地砖是否空鼓。一般地砖空鼓不超过砖面积的 20%，空鼓率低于 5%时属于高标准。

**（2）检查水电**

首先，检查房子里面水龙头、阀门、水表是否安装位置正确和正常通水，阀门与水表开合的灵活性，这些物件更换起来十分烦琐；其次，用手摇晃龙头和水管，检查安装是否牢固，有无松脱现象。如果出现以上的情况，设计师应立即与施工方沟通，在业主收房前做好更换工作。

**（3）检查照明**

将房间里的所有的灯都打开试试是否都可以正常照明，一个开关坏了将会导致某个电器或者整个区域停止运作。检查每个开关的表面是否存在刮痕，并且重复地拨动开关看是否灵活，检查开关所对应的灯具、电器是否都能正常地通电工作，关闭后，电器是否正常停止工作。

**（4） 检查木工**

查看结构性与接缝处理，构造是否直且平，无论是水平方向还是垂直方向，木工的做法都应该是直平的，可以用垂直检测尺进行检查。用手来回摇动柜门，感觉摇晃的过程中是否有响声及阻力，尝试多开合几次柜门，观察柜门是否能够很好地回位。用手来回摇动门窗，检查门窗的使用是否正常，摇动过程感觉门窗是否有异常阻力与声响，检查门窗是否能承受不同的力度。设计师在做以上的检查时，如果发现问题，要在业主收房之前得到解决，保证交付给业主使用时没有问题。

# 第28课 家装售后是关键

**核心概念：墙面开裂、漏水、碰瓷、掉漆**

装修售后服务是装修公司对本次装修服务竣工后为业主提供的售后保障。主要的售后服务项目包括水电施工项目、木工施工项目、油漆工施工项目和基础安装服务。不同装修公司对售后服务有不同的责任认定范围及保修期限。

在设计师的工作与生活中，常见的售后问题有墙面开裂、瓷砖掉瓷、防水漏水、柜面掉漆等。

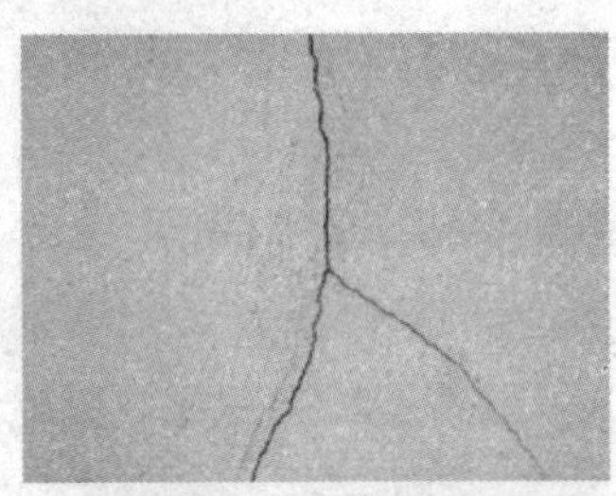

墙面开裂

在入住的第一年里，房间需要长时间的通风，由于气候与空气原因，可能会造成墙面开裂。冬季室内温度较高，空气中失水较快，乳胶漆墙面容易开裂，此类维修问题装修公司会选择在一年中最佳季节进行维修，维修后第二年基本上不会再发生类似的问题。

瓷砖掉瓷

瓷砖掉瓷的主要部位在管道的阳角处。当瓷砖吸水率或者水泥没有达到标准时都会导致瓷砖与墙面黏结不紧，导致脱落现象。

卫生间漏水

卫生间漏水主要是由于前期的防水层没有做好，或者使用的防水涂料质量不高，导致防水层开裂，引起卫生间漏水，特别是地面与管道接触的缝隙处没有处理好，极易发生漏水的现象。

家具掉漆

家具表面掉漆是由于在刷漆的过程中板面与空气接触后产生的气泡，家具在潮湿的环境中容易出现掉漆的情况，在保修期内都可以请装修公司施工员去维修。